国語

すきな　色を　ぬろう

算数　けいけんは，後ろから　はじまります。

1 はなす 心に のこって いる ことを 話そう

月　日

今回の テーマ

・二年生に なってから 夏休みまでの 間で、いちばん 心に のこって いる ことを おうちの 人に 話しましょう。

イーマルは、遠足の ことが いちばん 心に のこって います。

1 二年生に なってから 夏休みまでの 間で、いちばん 心に のこって いる のは、どんな ことですか。

イーマルは、その　ときの　ようすを
思いうかべながら、思い出した　ことを
お母さんに　話しました。

ぼくが　いちばん　心に　のこって　いる
ことは、遠足で　とても　長い　すべり台を
すべった　ことです。さいしょは
スピードが　出て　気もちよかったです。
とちゅうで　おだんごみたいに　みんなが
くっついて　しまったのが
おもしろかったです。

おうちのかたへ

今回の学習のねらい
・体験を思い出して話す。
・そのときの様子が相手にわかるように話す。

2

その　ときの　ことを、ようすを
思いうかべながら　おうちの　人に
話しましょう。

その　ときに　した　ことや　見た
ことなどを　よく　思い出して、あい手の
人にも　その　ようすが　わかるように
くわしく　話そう。

はなまるシール

●おわったら　わくわくシールを
はりましょう。

ドリル1

丸（。）、点（、）、かぎ（「」）を つかって 書こう

□月 □日

1 つぎの □に 丸（。）か 点（、）を 入れて、正しい 文に しましょう。

ぼくは□ 海が 大すきです□

なぜなら□ たくさんの 魚や 生きものが

いて□ おもしろいからです□

大きく なったら□ 海の しゃしんを

とる カメラマンに なりたいです□

3 つぎの 文には、かぎ（「」）が ぬけて います。かぎを つけて、正しい 文に 直して 書きましょう。

> ミルマリが、海で見つけた貝がらで首かざりを作っていると、お母さんが、きれいだね。と言いました。ミルマリは、できあがったら、あげるね。と言いました。

2

つぎの 文に 点（、）を 一つ つけて、絵に あう 文を 書きましょう。

やり方

にわとりがいます。

→ にわ、とりがいます。

ここではきものをぬいでください。

→

※ 答えを 書く ときには、かん字の 読みがなは 書かなくても いいです。

●おわったら わくわくシールを はりましょう。

2 「ヤドカリ」

よみとり　よむ

□月　□日

出典　小田英智著『カラー自然シリーズ57　ヤドカリ』偕成社刊　より

ヤドカリは　からが　きゅうくつに　なると、大きな　からに　引っこします。

今回の　おはなし

ヤドカリは、いつも　新しい　まき貝の　からを　さがして　います。

からが　見つかると、まず　足で　かかえて　大きさや　おもさを　たしかめます。

からに　つまった　小石や　すなを　きれいに　とり出すと、はさみを　つかって、からの　中の　大きさを　たんねんに　はかります。

からの　大きさが　手ごろなら、新しい　まき貝へ　引っこしです。

1　上の　文しょうを　声に　出して　読みましょう。

はなまるシール

2　つぎの　文が、新しい　まき貝の　からが　見つかってから　ヤドカリが　する　ことの　じゅんに　なるように、（　）に　1から　3の　数字を　書きましょう。

（　）からに　つまった　ものを　とり出し、はさみを　つかって　からの　中の　大きさを　はかる。

（　）足で　かかえて　大きさや　おもさを　たしかめる。

（　）からの　大きさが　手ごろなら、その　からに　引っこす。

めったに　見せない　はらを　見せて、すばやく　引っこします。
からっぽの　貝の　からが、いつも　手に入るとは　かぎりません。
そんな　とき、ヤドカリは　なか間の　せおって　いる　からを　うばいます。
コン、コンと　からを　ぶつけ、あい手の　ヤドカリを　からから　おい出します。
あい手の　ヤドカリが　出て　くると、さっと　からを　うばって　引っこします。
おい出された　ヤドカリは、しかたなく　のこった　からに　入ります。

おうちのかたへ

今回の学習のねらい
・事柄の順序を考えながら内容を読み取る。
・状況によるヤドカリの行動の違いを読み取る。

3 からっぽの　貝の　からが　手に　入らない　とき、ヤドカリは　どう　しますか。

4（はってん）海の　生きものに　ついて　知って　いる　ことや　しらべた　ことを　おうちの　人に　話しましょう。

はなまるシール

●おわったら　わくわくシールを　はりましょう。

ドリル 2

つなぎことばと じゅんじょを あらわす ことば

月　日

1 つぎの［　］に あう ことばを［　］の 中から えらんで 書きましょう。

そして　だから　でも

① 雨が ふって きたけれど、かさを もって いませんでした。

［　　　　］、いそいで 家に 帰りました。

② いっしょうけんめい れんしゅうしました。

［　　　　］、チームは まけて しまいました。

③ おまつりに 行って、金魚すくいを しました。

［　　　　］、三びき もって 帰りました。

2 つぎの □ に あう ことばを □ の 中から えらんで 書きましょう。

それから　さいごに　まず

これから、サンドイッチの 作り方を せつ明します。

□、パンを 二まい 用いして、どちらも かた方の めんに バターを ぬります。

□、一まいの パンに、野さいや すきな ものを のせます。

□、もう 一まいの パンを 上から のせて 切ります。

はい、これで おいしい サンドイッチの でき上がり。

● おわったら わくわくシールを はりましょう。

3 よみとり 「ラッコ」

ラッコが えさを 食べる ときの とくちょうと 体の しくみを せつ明した 文しょうです。

月　日

今回の おはなし

ラッコたちは、食べる 間も、くるりくるりと、体を 回てんさせます。えさの 切れはしなどで、毛の よごれるのが 気に なるからでしょう。また、こう すると、ついでに、毛の 間に、空気を ふくませる ことも できます。
その間、けっして 貝などを おとさないのは、ふしぎなほどです。
よく 見ると、回てんしながら、かた方の 前足で、しっかり、わきの あたりを

1 ラッコたちが 食べる 間も 体を 回てんさせるのは どうしてだと 書かれて いますか。あてはまる ものを ぜんぶ えらんで （ ）に ○を 書きましょう。

（ ） えさの 切れはしなどで、毛の よごれるのが 気に なるから。

（ ） 食べて いる 貝などを 海に おとさないように したいから。

（ ） 海に うかんで いる えさを とりたいから。

（ ） 毛の 間に、空気を ふくませる ことが できるから。

出典 岡野薫子著『ジュニア写真動物記―⑭ ラッコ ゆかいな海のなかま』平凡社刊 より

おさえつけて　います。前足の　下から　むねに
かけて、たるんだ　ひふの　ポケットが　あり、
そこに、食べものを　入れて　おさえるので、
おとさずに　すむ　わけです。
　この　ポケットは、海ていに　もぐって
あつめた　えさを、すいめんに　はこぶ
ときにも、おおいに　やく立ちます。
二十こいじょうの　ウニと　貝を　少し、
いちどに　入れて、はこぶ　ことが　できると
いいます。

おうちのかたへ

今回の学習のねらい

・表現に着目して事柄の理由を読み取る。
・説明されている事柄を正確に読み取る。

2
体を　回てんさせる　間、食べものを
おとさないのは、どうしてですか。

かた方の　[　　　　]　で、
食べものを　入れた　ひふの　ポケットを
[　　　　]　いるから。

3
ひふの　ポケットは、食べる　間　食べものを
入れて　おくのに　やく立ちますが、ほかに、
どんな　ときに　やく立ちますか。

[　　　　]

● おわったら　わくわくシールを
はりましょう。

ドリル 3 主語と じゅつ語 ①

月　日

・イーマルと ミルマリが 話して います。
でも、イーマルの 話は、ミルマリに はっきり つたわって いないようです。

主語と じゅつ語

1 空が（何が） 青い。（どんなだ）

2 さめが（何が） 来る。（どう する）

3 あの鳥が（何が） かもめです。（何だ）

文の 中で、「何（だれ）が」「何（だれ）は」に あたる ことばを **主語**と 言います。
また、「どんなだ」「どう する」「何だ」に あたる ことばを **じゅつ語**と 言います。
主語と じゅつ語が そろった 文に すると、言いたい ことが よく わかります。

「青いね。」とだけ　つたえて、「何が」を言わなかったり、「さめが。」とだけ　つたえて、「どう　する」のかを　言わなかったり　すると、わかりづらいですね。

1 つぎの　文の　中で、主語に　あたる　ことばに　――を、じゅつ語に　あたる　ことばに　‖を　引きましょう。

やり方
すいかは　丸い。

1 ひまわりが　さいた。

2 ありは　こん虫です。

3 ライオンは　とても　強い。

4 くじらが　広い　海を　およぐ。

●おわったら　わくわくシールを　はりましょう。

4

ことば

お絵かきでんごんゲームを やって みよう

□月 □日

今回の テーマ

・人の せつ明を 聞いて 絵を かいたり、自分が せつ明する とおりに 絵を かいて もらったり しましょう。

1

絵に ついて せつ明した 文しょうを 読んだり 聞いたり して、せつ明の とおりに 絵を かきましょう。

もんだい

せつ明の とおりに 絵を かいてね。

はじめに、大きな 丸を かきます。

つぎに、その まん中に、小さな 丸を かき、中に 点を 二つ、よこに ならべて うちます。

そして、小さな 丸の 上にも 点を 二つ、よこに ならべて うちます。

さいごに、はじめに かいた 大きな 丸の 右上と 左上に 三角を 一つずつ のせます。

どんな 絵に なりましたか。

おうちのかたへ

今回の学習のねらい

・文章や人の話を、順を追って理解する。
・順序を意識して説明する。

2 もんだいを　出す　人と　絵を　かく　人を　交たいしながら、おうちの　人と「お絵かきでんごんゲーム」で　あそびましょう。

答え

●おわったら　わくわくシールを　はりましょう。

ドリル 4

主語(しゅご)と じゅつ語(ご) ②

月　日

1 つぎの 絵(え)を 見て、□に 入る じゅつ語(ご)を □の 中から えらんで 書(か)きましょう。

2 つぎの 文で、主語(しゅご)に あたる ことばに ――を 引(ひ)き、じゅつ語(ご)に あたる ことばを □に 書(か)きましょう。

やり方

ぼくは 本を 読(よ)む。（「ぼくは」に線）

読む

1 犬が すなはまを 元気(げんき)に 走(はし)る。

2 りんごは いちごより 大きい。

1 水あそびは ＿＿。

2 この　かばんは ＿＿。

3 日が ＿＿。

4 鳥(とり)が ＿＿。

とぶ　しずむ
おもい　楽(たの)しい

3 わたしは　先生に　手紙(てがみ)を　書(か)いた。

4 あした　お父(とう)さんが　外国(がいこく)から　帰(かえ)る。

5 この　前(まえ)の　しあいに　弟(おとうと)は　出なかった。

6 ふじ山は　日本で　いちばん　高(たか)い　山です。

●おわったら　わくわくシールを　はりましょう。

5 ③きく 「しほの ゆめ」①

□月□日

しほは、お兄ちゃんや 友だちのように、大人に なったら 何に なりたいと いう ゆめが ないので こまって います。

出典 日本児童文学者協会編『まちがいつうしんぼ二年生』ポプラ社刊 所収
箕輪ユリ作「しほのゆめ」より（中略した箇所があります。）

自分で 読める 人は、がんばって 自分で 読んで みよう。

今回の おはなし

三つちがいの 五年生の お兄ちゃんは、絵を かくのが
とくい、工作も とくい。
お兄ちゃんの 手に かかれば、どんな けしきだって
花だって、くだものだって、ふでと 二十四色の 絵のぐを
自ゆう自ざいに あやつって、たちまち、本もの
そっくりの 絵が かき上がります。
ねん土だって、お兄ちゃんの 手は まるで、手じなしか
まほうつかいのように、ちょちょいの ちょいで、ライオン、
ひこうき、せん車にも なって しまいます。
学校の ろうかの かべには よく、お兄ちゃんの
かいた 絵が、はられます。
よし子ちゃんや かよちゃんは、

ゆめは、大人に なったら、車の デザイナーに なる
ことです。
（わたし、大人に なったら、何に なれるだろう……。）
かよちゃんは
かんごしさん、
よし子ちゃんは 歌が
上手だから、歌手に
なると 言って
いますし、
まさみちゃんは、
けいさつかんに
なると 言います。

「すごいねえ、しほちゃんの　お兄ちゃん。」
と、かべに　はられた　お兄ちゃんの　絵を　見る　たびに
言います。
しほは、そんな　お兄ちゃんが　とても　自まんだけれど、
それと　同じくらい　うらやましく　思って　いました。
しほは、絵を　かいても　工作を　やっても　まるっきり
だめ。
お兄ちゃんに、しほの　分まで、才のうを　とられて
しまったのでは　ないかと　よく　思います。
お兄ちゃんの　らくがきちょうは、いろいろな　車の　絵で
いっぱいです。
「これは　しょうぼう車で、これが　ベンツで、それから
うちの　ステップワゴン、じゃあ　こんどは、ポルシェを
かくからな。」
お兄ちゃんは、しほに　とくいそうに　せつ明します。
「ここの　線が、こう　なって、ライトは、こう
なってるんだ。」
なんて　言いながら、ポルシェを　かく　お兄ちゃんの

「しほちゃんは、何に　なるの？」
かよちゃんたちに　そう　聞かれると、しほは、いつも
こまって　しまいます。
土曜日の　午後、しほと　お兄ちゃんは、絵の　教室に
通います。
絵の　教室と　いっても、近くの　ようち園の　教室に、
近じょの　子どもたちが　あつまって　絵を　かいて、
そのあとに　みんなで　おやつを　食べるのです。
先生は、わかい　ころ　画家に　なりたくて、フランスへ
行って　絵の　しゅ行を　した　ことが　あると　いう、
ようち園の　園長先生です。
ベレーぼうを　かぶって、あごひげを　はやし、パイプを
ふかして　いる　園長先生は、本ものの　画家のように
見えるので、しほたちは、「画家先生」と　よんで　いました。
夏休みに　入った　さいしょの　土曜日、絵の　教室で
海へ　行きました。

おうちのかたへ

今回の学習のねらい

- 登場人物の気持ちを想像しながら読む。
- 人物像や人物の関係をとらえる。

●おわったら　わくわくシールを　はりましょう。

ドリル 5 くわしく あらわす ことば ①

□月 □日

・つぎの 文を 見て ください。

うさぎが はねる。

どんな うさぎなの？

小さくて まっ白な うさぎが はねる。

どんな ふうに はねるの？

小さくて まっ白な うさぎが ぴょんぴょん はねる。

「小さくて」、「まっ白な」、「ぴょんぴょん」などが あると、うさぎの ようすが よく わかるね。

1 □の 中に くわしく あらわす ことばを 入れて、——の ようすが よく わかるように します。考えて、□に 書きましょう。

やり方

□ 花が さいた。

（答えの れい）
赤い／小さな／きれいな／春に たねを まいた

正かいは 一つだけでは ないよ。いろいろな ことばを 考えて みてね。

答えは「解答・解説」3ページ

「小さくて」、「まっ白な」、「ぴょんぴょん」などのように、大きさや　色、うごきなどを　くわしく　書くと、その　ものの　ようすが　よく　わかる　文に　なるよ。

こう　した　くわしく　あらわす　ことばを　つかって、わかりやすい　文を　書こう。

1 ぼくは、［　　］おかしを　食べた。

2 空に　［　　］雲が　うかんで　いる。

3 きのうは　雨が　［　　］ふった。

●おわったら　わくわくシールを　はりましょう。

6 よみとり 「しほの ゆめ」②

絵の 教室で、画家先生と しほを 入れた 六人の 子どもたちは、海へ 行きました。

今回の おはなし

「絵を かく ときは、まず かく ものを よく 見て、それから、□ 大切に かいて いきなさい。」

と、画家先生は、いつも 言います。

しばらくの 間 みんなは、海を じっと 見つめて、どんな 海を かこうか 頭の 中の キャンバスに 下がきを して、それから、思い思いの 色で 海の 絵を かきはじめました。

1 □には、おちついて ていねいに かく ようすを くわしく あらわす ことばが 入ります。□に あう ことばを えらんで、（ ）に ○を 書きましょう。

（ ） さっさと

（ ） じっくりと

（ ） ずっしりと

2 「頭の 中の キャンバスに 下がきを して」とは、どう いう ことですか。（ ）に ○を 書きましょう。

出典 日本児童文学者協会編『まちがいつうしんぼ二年生』ポプラ社刊 所収 箕輪ユリ作「しほのゆめ」より

月　日

だけど　しほだけは、いつまでも
かきだしません。
ほかの　みんなの　画用紙には、それぞれ
ちがった　五つの　海が　かかれて　いくのに、
しほの　画用紙は　まだ、白い　ままです。
あれだけ　たくさん、海で　あそんだのに……。
いくら、じいーっと　海を　見つめても、
どんな　海を
かいたら　いいのか、
しほには
わかりません。

おうちのかたへ

今回の学習のねらい
- 表現に注意して場面の状況を読み取る。
- 登場人物の気持ちを読み取る。

（　）キャンバスに　海の　絵の　下がきを　する　こと。
（　）かく　前に　どんな　絵を　かこうか　考える　こと。
（　）しばらくの　間　じっと　海を　見つめる　こと。

3　どうして　しほの　画用紙だけ「白い　まま」なのですか。

●おわったら　わくわくシールを　はりましょう。

ドリル 6

くわしく あらわす ことば ②

月　日

1

つぎの 文で、□の ことばを くわしく あらわして いる ことばに、――を 引きましょう。

やり方　ひまわりの［花］が さいた。（「ひまわりの」に――）

1 みんなで すなの［おしろ］を 作った。

2 おばあさんが ゆっくり［立ち上がった］。

3 妹が 楽しそうに［歌って いる］。

2

つぎの 文の □に、くわしく あらわす ことばを 自ゆうに 書きいれましょう。

やり方　わたしは［かわいい］ねこを かって いる。

1 ほう石が［　　　　］光る。

2 ぼくは［　　　　］本を 読んだ。

4 みなとに　たくさんの　［船(ふね)］が　とまって　いる。

5 きゅうに　強(つよ)い　［風(かぜ)］が　ふいて　きた。

6 わたしは　きれいな　［貝がら］を　たくさん　見つけた。

7 生まれたばかりの　赤ちゃんが　すやすや　［ねむって　いる］。

3 空に　［　　　］　月が　出た。

4 海(うみ)の　中を　魚(さかな)たちが　［　　　］　およいで　いた。

5 近(ちか)くの　公園(こうえん)で　友(とも)だちと　［　　　］　あそんだ。

● おわったら　わくわくシールを　はりましょう。

7 「しほの ゆめ」③

よみとり　よむ

出典　日本児童文学者協会編『まちがいつうしんぼ二年生』ポプラ社刊　所収　箕輪ユリ作「しほのゆめ」より（中略した箇所があります。）

月　日

今回の　おはなし

しほは、海の　絵を　かかない　わけを　画家先生に　言いました。

「だって、海、じっと　して　いて　くれないんだもん。それに、どんどん　色が　かわって　しまうの。青で　かこうと　思うと　金色に　なったり。ほらね、こんどは　オレンジに　なっちゃった。海って　生きてるみたい。とっても　元気な、わんぱくぼうず。」

「ほほう、しほちゃんは、小さな　し人だな。」

画家先生は、やさしい　目を　細め、自まんの　あごひげを　なでながら　言いました。

1　上の　文しょうを　声に　出して　読みましょう。

はなまるシール

2　——と　ありますが、じっと　して　いて　くれないし、どんどん　色が　かわって　しまう　海を、しほは　どう　思って　いますか。上の　文しょうから　さがして、書きうつしましょう。

答えは「解答・解説」4ページ

「画家先生、わたし　今日は、海の　絵
かかない。そのかわり、海の　しを　書く。」
しほは　元気に　そう　言うと、ふでを、
えんぴつに　もちかえて、
白い　画用紙
いっぱいに　大きな
字で　しを　書きました。
「この　画用紙は、
しほちゃんの　海で
いっぱいだね。」
まんぞくそうに、画家先生が　言いました。
こんどから　しほも、かよちゃんたちに
聞かれたら、答える　ことが　できます。
「わたし、大人に　なったら　し人に　なるの。」

おうちのかたへ

今回の学習のねらい

- 登場人物の言葉から思いを読み取る。
- 登場人物の気持ちを想像しながら読む。

3 画用紙に　しを　書いた　しほは、どんな　ゆめを　見つけましたか。

4 はってん

あなたは　大人に　なったら　なりたい　ものが　ありますか。おうちの　人と　話して　みましょう。

はなまるシール

● おわったら　わくわくシールを　はりましょう。

ドリル 7

スリーヒントクイズで　あそぼう

月　日

・イーマルは、「スリーヒントクイズ」の　やり方を　ミルマリに　教えて　あげました。

ぼくが　三つの　ヒントを　言うよ。その　ヒントに　あう　ものを　答えてね。では、もんだいだよ。

① 白い　毛に　つつまれて　います。

② 長い　耳を　もって　います。

③ にんじんが　大すきです。

これは、何でしょうか。

1 つぎの　三つの　ヒントに　あう　ものを　考えて　答えましょう。

1 ぼうの　さきに、細い　毛が　たくさん　ついて　います。

2 食じの　あとに　つかいます。

3 はを　きれいに　します。

答えは「解答・解説」4ページ

わかった。うさぎね。

・こんどは、ミルマリが　もんだいを　出しました。ミルマリは、答えが　「すいか」に　なる　もんだいを　考えました。

①　丸い　形を　して　います。
②　黒と　みどりの　しまもようが　ついて　います。
③　中に、赤い　みと、黒い　たねが　つまって　います。
これは、何でしょうか。

2　つぎの　ものに　ついて、三つの　ヒントを　考えて、スリーヒントクイズを　作りましょう。

ぞう

1

2

3

●おわったら　わくわくシールを　はりましょう。

8 かく かこと みらい どちらに 行きたいかな

月　日

今回の テーマ

・もし、行けると したら、かこと みらいの どちらに 行きたいですか。自分の 考えを 理ゆうと いっしょに 文しょうに 書く ための メモを 作りましょう。

イーマルは、かこに 行きたいと 思い、理ゆうを メモに まとめました。

さきに メモを 作って おくと、書きたい ことが よく わかるよ。

1 かこと みらいの どちらに 行きたいかを 文しょうに 書く ための メモを 作りましょう。

行きたい ほう

行きたい 理ゆう

答えは「解答・解説」4ページ

行きたいほう
かこ

行きたい理ゆう
・きょうりゅうといっしょに、ジャングルをたんけんしたい。
・きょうりゅうのせなかにのって、草原を走りたい。

メモには、思った ことを 書いて おけば いいのね。

おうちのかたへ

今回の学習のねらい
・自分の考えを文章に書くためのメモを作る。
・理由を示して考えを述べる書き方を理解する。

自分の 考えを 理ゆうと いっしょに 文しょうに 書くには、つぎの 二つの 書き方が あるよ。

① さきに 自分の 考えを 書いてから、あとで 理ゆうを 「なぜなら」や 「〜から」などを つかって 書く。

② さきに 理ゆうを 書いてから、その あとで 自分の 考えを 「だから」を つかって 書く。

つぎの ページの ドリルで、この 二つの 書き方の れんしゅうを するよ。

● おわったら わくわくシールを はりましょう。

ドリル 8

かこ みらい どちらに 行きたいか 書こう

月　日

1

さきに 自分の 考えを 書きましょう。つぎに 理ゆうを 「なぜなら」や 「〜から」などを つかって 書く 書き方で、かこと みらいの どちらに 行きたいか、書きましょう。

イーマルの れい

ぼくは、かこに行きたいです。**なぜなら**、きょうりゅうといっしょに、ジャングルをたんけんしたり、きょうりゅうのせなかにのって、草原を走ったりしてみたい**から**です。

2

さきに 理ゆうを 書きましょう。その あとで、自分の 考えを 「だから」を つかって 書く 書き方で、かこと みらいの どちらに 行きたいか、書きましょう。

イーマルの れい

ぼくは、きょうりゅうといっしょに、ジャングルをたんけんしたり、きょうりゅうのせなかにのって、草原を走ったりしてみたいです。**だから**、かこに行きたいです。

※ 30ページの メモを 見ながら 書きましょう。

※ 30ページの メモを 見ながら 書きましょう。

●おわったら わくわくシールを はりましょう。

ひょうげん　地きゅうサポート計画書

地きゅうを　まもる　ための　くふうを　計画書に　まとめて　おこう！

書いてみよう

あなたが　考えた，地きゅうを　まもる　ための　くふうを　下の　地きゅうサポート計画書に　書こう。

地きゅうサポート計画書

あなたの　名前

地きゅうを　まもる　ために　やる　こと

書いた　ことを　まずは　1日　やって　みよう。おわったら，なぜ　それを　やろうと　思ったのかと，やって　みて　どう　思ったのかを　文しょうで　書こう。

これからも　ずっと，夏を　すずしく　すごす　くふうを　つづけて　いこう！

おうちのかたへ　自分の考えを絵や文章として形にすることは今の段階ではとても難しい経験です。そのため，お子さまが自分の意見を話せただけでもおおいに誉めてあげましょう。その上でそれを実行し，文章にまとめることができれば今の段階では十分です。文の上手下手は気にせず，書けた内容の中からいい所を見つけ出して誉めるようにしてください。

答えは「解答・解説」5ページ

はってん　あなたは　地きゅうサポーター

これからも，すずしく　すごす　くふうを　つづけて，あなたが地きゅうを　まもって　いこう。

あつい　空気が
とじこめられると，
地きゅうが
あつく　なって
しまうんだよ。

よし。地きゅうを　まもる　ためには，
「にさんかたんそ」を　へらせば　いいんだね。

そうするには，電気を
つかう　りょうを
もっともっと
へらせば　いいのね。

考えてみよう

どうすれば　電気を　つかう　りょうを　へらせるかを　考えよう。

わたしは，クーラーの
おんどを　28℃に　上げて，
むかしの　人の　くふうで
夏を　のりきるよ。

ぼくは，つかわない
へやの　電気は
かならず　けすよ。

おうちのかたへ

身近な暮らしの中から夏を探し，昔の人の涼の工夫を調べた後で，今度は「地球の環境問題」という新しい視点で暮らしを見つめます。環境問題は，高学年の社会の学びにつながるだけでなく，人類にとってとても大切な課題です。今は完全に理解しなくてかまいませんが，自分に何ができるのかは話せるよう，声をかけてあげてください。

もっと楽しく!

むかしの　人が　夏を　すずしく　すごす　ために　やって　いた　ことを　あなたも　体けんして　みよう。

下の　3つの　中で，あなたが　いちばん　やりやすい　ものを　1つ　えらんで　やろう。

1 よしずを　かける。

まどの　外に，へやの　中に　かげが　できるような　ものを　かけよう。

よしずが　太ようの　光や　ねつが　入るのを　ふせいで　くれるよ。

2 夏の　野さいや　くだものを　食べる。

きゅうりや　トマトや　なすや　スイカなどを　食べよう。

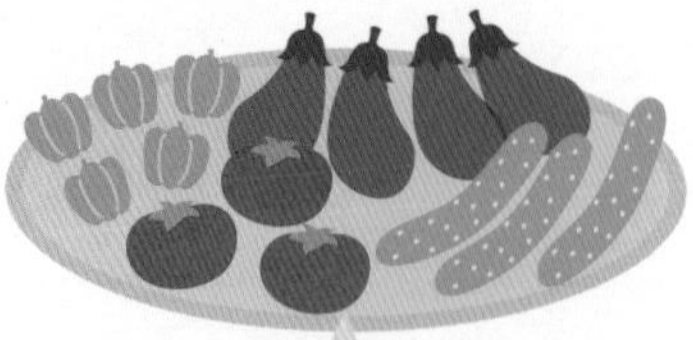

きゅうりや　トマトや　なすや　スイカなどには　体を　ひやす　はたらきも　あるんだよ。

3 うち水を　する。

家の　外の　地めんに　つめたい　水を　かけよう。

つめたい　水を　かけると，地めんが　ひえたり　すずしい　風が　ふいたり　するよ。

つづく

おうちのかたへ

昔の人の涼の工夫は，地域や時代によってさまざまです。このページで取り上げたものはほんの一例として，参考程度にご覧ください。お住まいの地域特有の，涼の工夫を調べてみても楽しいでしょう。また調べ学習は，小学3年生以上の社会科で取り組む，今の段階ではとても難しい体験ですので，必要に応じてサポートしてください。

体けん　すずしく　すごす　ための　くふうしらべ

夏を　もっと　すずしく　すごす　ためには，どう　すれば　いいんだろう？

クーラーの　ほかにも
いろいろな　ほうほうで
すずしく　して
いたんだね。

でも　クーラーが
なかった　ころの　人は
どうして
いたんだろう？

そうだ！
そのころの
くふうを　しらべれば，
すずしく　なる
ほうほうが
わかるかも
しれないよ！

しらべてみよう

まだ　クーラーが　なかった　ころ，むかしの　人は　どんな　ほうほうで　夏を　すずしく　すごして　いたんだろう。本や　インターネットで　しらべて　みよう。

下の　3つの　中で，あなたが　いちばん
しらべやすい　ほうほうで　しらべよう。

1 しらべる

1 本を　読む。

2 人に　聞く。

3 インターネットを
つかう。

かならず
おうちの　人と
いっしょに　見よう。

2 ほうこくしょを　書く

どんな　くふうを　して
いたのかを　ここに　書こう。

けいけんがくしゅうと　いうのは，たくさんの　体(たい)けんを　する　とくべつな　きょうかだよ。その　体(たい)けんが，あなたの　いろいろな　力を　のばして　いくよ。

考(かんが)えてみよう

あなたが　さがした　夏(なつ)の　ものや　今までに　見た　ことが　ある　ものの　中で，夏(なつ)を　すずしく　すごす　ための　ものを　考(かんが)えて　下の　[　　]に　絵(え)や　ことばで　かこう。

夏(なつ)を　すずしく　すごす　ための　もの

[　　　　　　　　　　　　　　　　　　]

何(なに)を　どんな　ふうに　つかうと　すずしく　なるかな。食(た)べものや　のみものでも　いいよ。

つづく

おうちのかたへ

夏を涼しく過ごすために，自分がどのようなものを使っているのかを考える取り組みです。お子さまが無意識のうちに使っていた，クーラーや扇風機などを意識化し，暑さをやわらげるために何をしていたのか，という新しい視点で自分の暮らしを見つめます。もし迷っているようでしたら，一緒に話してヒントを出してあげてください。

Z会オリジナル　きょうか

夏の　自ゆうけんきゅうにも　なる！

けいけんがくしゅうを　楽しもう

この体験のねらい　・冬と夏，今と昔など比較して考える力を養い，地球の環境問題への意識を高める。

じゅんび　夏を　あつめよう

夏は，ほかの　きせつと　どこが　ちがうかな。家の　中で　夏の　ものを　さがして　みよう！

さがしてみよう

家の　中で，冬には　なかった　夏の　きせつの　ものを　さがして　みよう。見つけたら　おうちの　人と　いっしょに　何が　あったのか　ほうこくしあおう。

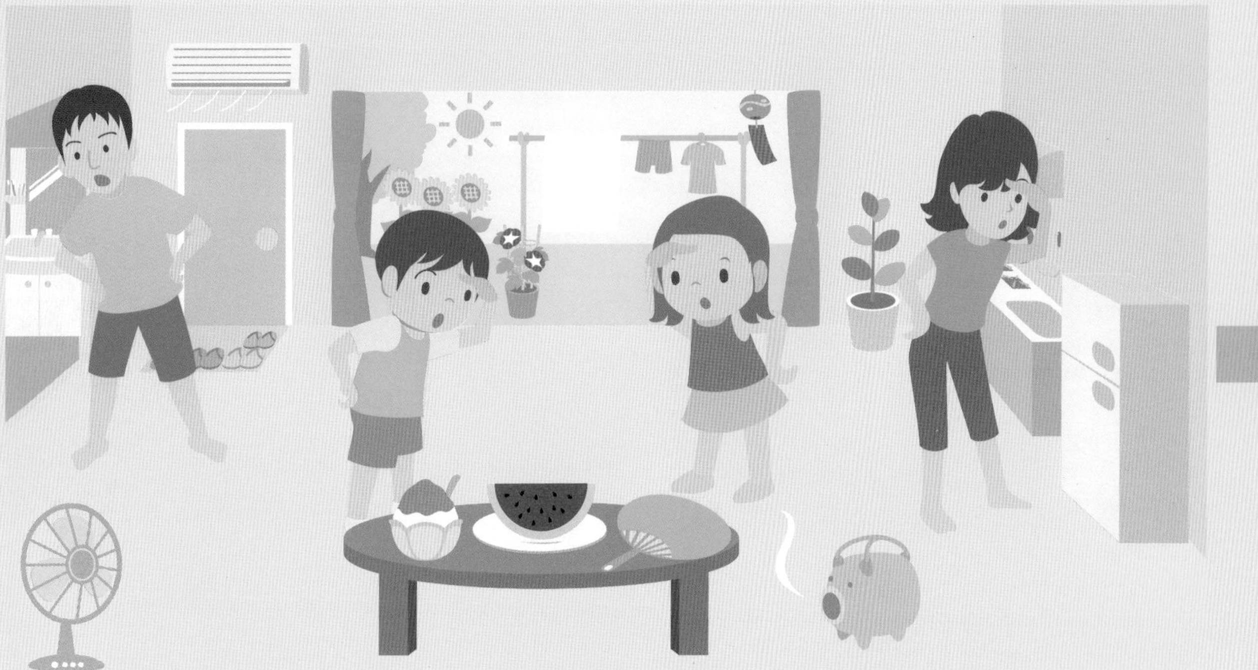

おうちのかたへ

冬と夏の家庭の様子を比べながら体験することで，小学３年生以上の「理科」の学びで大切な比較の視点を養います。お子さまにとって半年近く前の出来事は遠い過去のことであるため，必要に応じて，冬にはなかった夏の季節だけのものを一緒に探すようにしてください。なお，ここで探すのは，道具でも植物でも何でもかまいません。

おうちのかたへ	今回の学習のねらい	・学習のまとめとして難しい問題に挑戦する。

はってん

4 正しい　しきに　なるように，□に「+」か「−」を　書きましょう。

① 5 □ 3 □ 2＝10

② 10 □ 7 □ 2＝5

③ 7 □ 3 □ 4 □ 4＝12

5 キャンプファイアを　するので，みんなで　まきを　あつめます。イーマルは　50本，ミルマリは　40本，イワンコは　60本　まきを　あつめました。ぜんぶで　何本の　まきが　あつまったでしょう。

しき

答え

はってん

6 イーマルと　イワンコが　すなの　しろを　つくって　います。イーマルが　つくった　しろの　高さは　25cm8mm です。イーマルが　つくった　しろの　高さは，イワンコが　つくった　しろの　高さより　3cm7mm　高いそうです。イワンコが　つくった　しろの　高さは　どれだけでしょう。

しき

答え

●おわったら　わくわくシールを　はりましょう。

16 おうようもんだい

月　日

1 長い　ものから　じゅん番に　（　　）に　1，2，3の　番ごうを書きましょう。

① 1cm（　　）
2cm（　　）
3mm（　　）

② 10cm9mm（　　）
40mm（　　）
5cm（　　）

はってん

2 みんなで　午後2時30分から　すいかわり大会を　はじめました。すいかを　わるまでに　かかった　時間は　25分です。すいかを　わった　時こくを　「午前」，「午後」を　つかって　答えましょう。

3 せん水かんに　23人が　のって　います。そこへ　新しく　18人が　のり，そのあと　また　12人が　のりました。せん水かんに　のって　いる　人は　何人に　なったでしょう。

しき

答え

おうちのかたへ	今回の学習のねらい	・順序をかえることで計算を簡単にできる方法があることを知る。 ・（　）の意味を理解し，正しい順序で計算ができるようになる。

算数

（　）(かっこ)が　ある　しきでは，（　）(かっこ)の　中を　先に　計算(けいさん)します。

$$17+(\underline{24+36})=17+\underline{60}=77$$

2 計算(けいさん)を　しましょう。

1. $5+(6+14)$

2. $12+(12+18)$

3. $10+(1+8+1)$

4. $5+(21+9)+5$

3 答(こた)えが　同(おな)じに　なる　しきを　えらび，線(せん)で　むすびましょう。

$11+(5+5)$ ・	・ $7+8+3+1+2$
$50+(19+11)$ ・	・ $22+9+28$
$39+(14+6)$ ・	・ $7+14+8+12+16+23$

● おわったら　わくわくシールを　はりましょう。

答えは「解答・解説」9ページ

15 長い　計算に　ちょうせん

月　日

たし算では，たす　じゅんじょを　かえて計算しても　答えは　同じです。
じゅんじょを　かえた　ほうが　かんたんに計算できる　ことが　あります。

4＋7＋6＝17
6＋7＋4＝17
4＋6＋7＝17

1　くふうして　計算しましょう。

① 14＋19＋6

② 37＋28＋13

③ 5＋7＋15＋3

④ 2＋36＋4＋18

ヒント

① 14＋19＋6　（①：14 と 6）

③ 5＋7＋15＋3　（①：5 と 15，②：7 と 3）

たすと　一のくらいが　0に　なる　計算を　先にすると，かんたんに　答えが　出るよ。

おうちのかたへ	今回の学習のねらい	・長さやかさもたし算やひき算ができることを理解する。 ・単位に気をつけて長さやかさの計算ができるようになる。

はってん

4 計算を　しましょう。

① 2cm4mm＋1cm6mm

たし算を　して，mm の　数が　10に　なったら，たんいを　cm に　かえて　1cm に　するんだね。

② 5cm－3cm5mm

③ 8L7dL＋1L5dL

④ 9L4dL－4L5dL

5 イーマルと　イワンコが　つりを　して　います。イーマルが　つった　魚の　長さは　42cm，イワンコが　つった　魚の　長さは　38cm です。どちらが　つった　魚の　ほうが　どれだけ　長いでしょう。

しき

答え

●おわったら　わくわくシールを　はりましょう。

14 長さと　かさの　計算

月　日

1 計算を　しましょう。

① 1cm＋2cm　　② 9mm－2mm

③ 5L＋3L　　④ 16dL－8dL

2 計算を　しましょう。

① 5cm＋5mm

② 16cm＋2cm8mm

③ 3L4dL＋4L3dL

④ 9L8dL－5L7dL

3 かにが　よこ歩きを　して　います。7cm　うごいた　あと，また9cm　うごきました。かにが　うごいた　長さは　ぜんぶで　どれだけでしょう。

しき

答え

おうちのかたへ	今回の学習のねらい	・楽しみながらパズルに取り組み，筆算の理解を深める。 ・答えが1つではない問題に取り組み，思考の幅をひろげる。

3 テストの　丸つけを　します。答えが　正しければ　丸を　つけ，まちがって　いれば　近くに　正しい　答えを　書いて　あげましょう。

テスト　名前　イーマル　　／100点

① 18 ＋ 22 ＝ 40
② 63 − 23 ＝ 4
③ 95 − 14 ＝ 81

④ 37 ＋ 28 ＝ 55
⑤ 22 ＋ 33 ＝ 55
⑥ 23 − 17 ＝ 14

⑦ 43 ＋ 29 ＝ 72
⑧ 75 − 28 ＝ 57
⑨ 81 − 64 ＝ 17

上の　テストの　①の　もんだいは　20点，そのほかの　もんだいは　10点です。イーマルの　点数を　上の　□に　書きましょう。

●おわったら　わくわくシールを　はりましょう。

13 筆算　パズル

□月□日

1 □に　数字を　書いて，答えが　33に　なる　筆算を　作りましょう。

①
	□	□
＋	□	□
	3	3

②
	□	□
＋	□	□
	3	3

③
	□	□
＋	□	□
	3	3

④
	□	□
−	□	□
	3	3

⑤
	□	□
−	□	□
	3	3

⑥
	□	□
−	□	□
	3	3

正かいは　1つでは　ないよ。いろいろな　筆算を　作って　みよう。

はってん

2 □に　あてはまる　数字を　書きましょう。

①
	1	□
＋	□	1
	6	9

②
	□	5
＋	2	□
	6	2

③
	4	□
−	□	2
	2	9

おうちのかたへ	今回の学習のねらい	・1dL ますや1L ますに入った水のかさの読み取りや表し方を理解する。 ・かさの単位換算をして，大きさを比較することができるようになる。

3 つぎの かさの 水を 1L ますに 入れると どのように なりますか。1L ますの 絵に 色を ぬって 答えましょう。

やり方 1L2dL

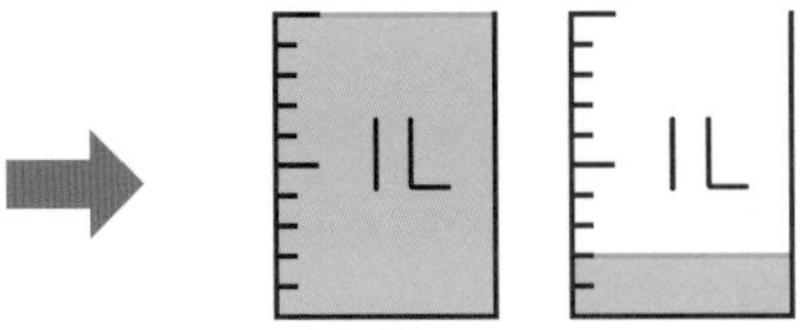

① 3dL

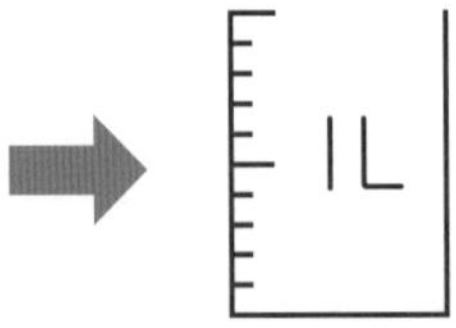

② 1L9dL

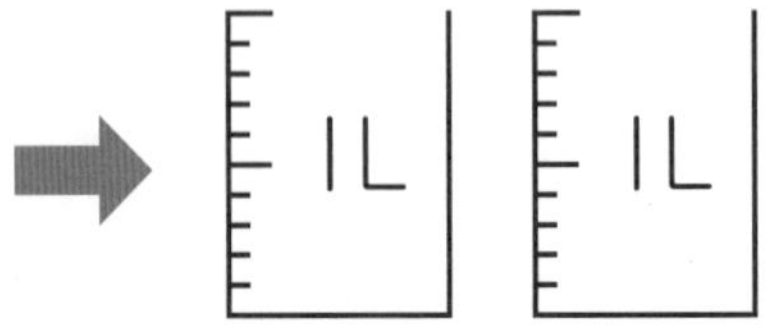

③

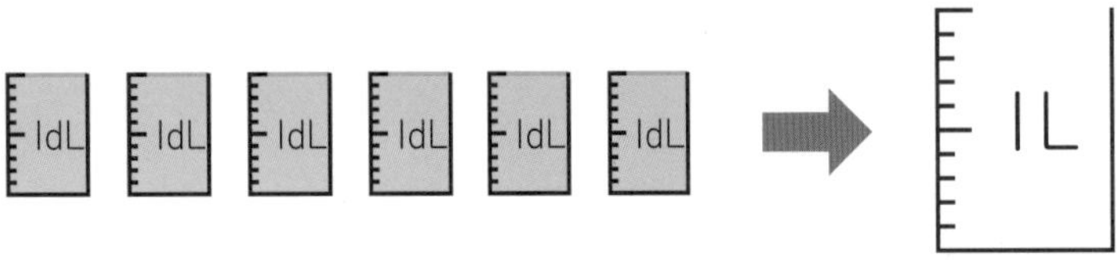

④

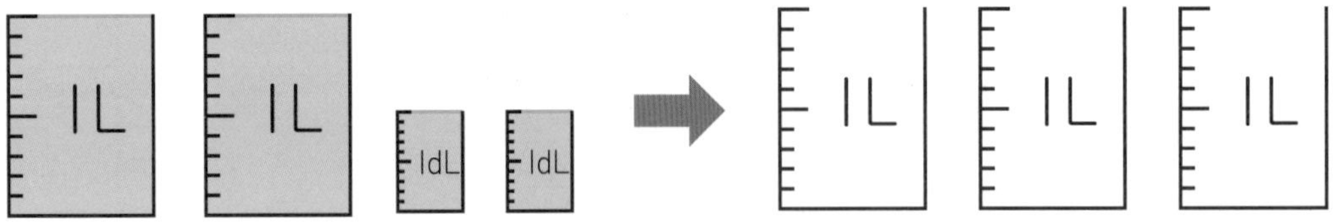

4 □に あてはまる ＞，＜，＝を 書きましょう。

① 5L □ 43dL

② 300mL □ 4dL

③ 2L □ 2000mL

④ 56dL □ 7L2dL

●おわったら わくわくシールを はりましょう。

12 かさ

□月 □日

１Lは，１dLが　10こ分の　大きさです。
１dLは，１mLが　100こ分の　大きさです。

１L＝10dL	１L＝1000mL	１dL＝100mL

1 □に　あてはまる　数を　書きましょう。

① １dLを　10こ　あつめると　□ Lに　なります。

② 2Lは　１dLが　□ こ分の　大きさです。

③ １dLを　42こ　あつめると　□ dLに　なります。

42dLは　□ L □ dLと　同じ　大きさです。

2 １Lますと　１dLますの　絵を　見て，水の　かさを　答えましょう。

①

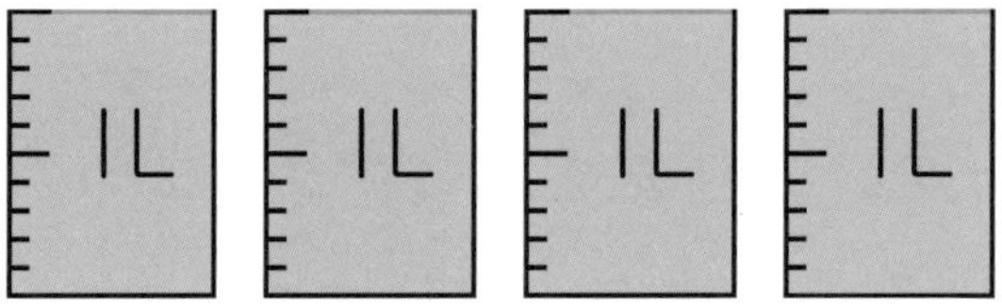

□

②

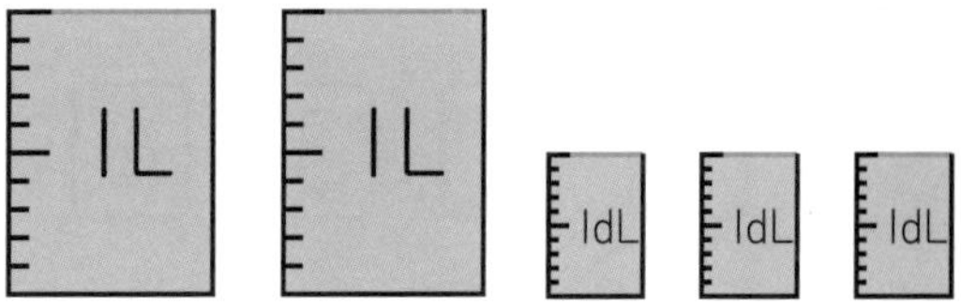

□

③

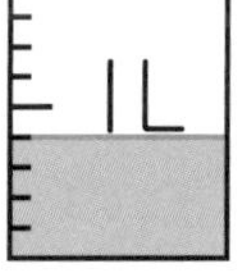

□

おうちの かたへ	今回の 学習のねらい	・大きい数のたし算やひき算に挑戦する。 ・大きい数の位取りについての理解を深める。

3 魚(さかな)が 210ぴき います。そのうちの 80ぴきを クジラが 食(た)べました。魚(さかな)は 何(なん)びき のこって いるでしょう。

しき

答え

4 計算(けいさん)を しましょう。

① 140−50　　② 180−90

③ 700−300　　④ 530−30

はってん

5 1, 2, 3, 4 の カードが あります。この 4まいの うちの 3まいを つかって，いろいろな 数(かず)を 作(つく)ります。

① カードを 3まい つかって できる，いちばん 小さい 数(かず)は いくつでしょう。

② カードを 3まい つかって できる，いちばん 大きい 数(かず)は いくつでしょう。

●おわったら わくわくシールを はりましょう。

11 大きい　数の　計算

□月　□日

1　赤い　ストローと　黄色い　ストローは　合わせて　何本あるでしょう。

	赤い　ストロー	黄色い　ストロー	合計
たばの　数	6たば	5たば	11たば
ストローの　数	60本	50本	？本

しき

答え

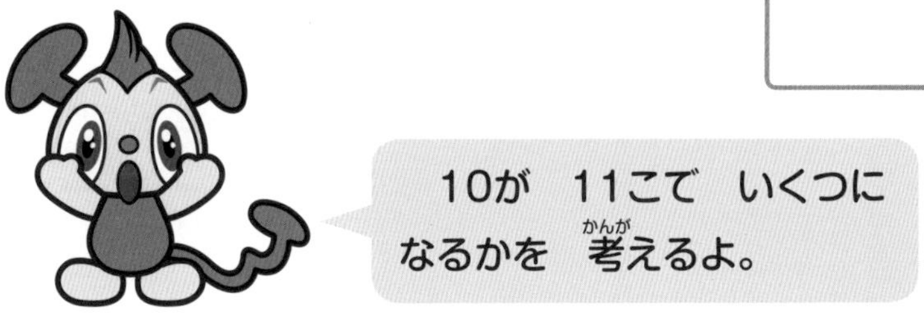

2　計算を　しましょう。

① 70＋50

② 30＋90

③ 100＋200

④ 500＋500

⑤ 300＋50

⑥ 600＋7

おうちの かたへ	今回の 学習のねらい	・複雑な情報を整理し，表にまとめることができるようになる。 ・2次元表の書き方や読み方を学ぶ。

はってん

2 イーマルと　ミルマリは　花火を　30本ずつ　もって　います。イーマルは　１日に　５本ずつ，ミルマリは　１日に　３本ずつ　つかって　いく　ことに　しました。

1 のこりの　花火の　本数(ほんすう)を　ひょうに　まとめます。下の　ひょうの　あいて　いる　ところに　あてはまる　数(かず)を　書(か)きましょう。

	1日目	2日目	3日目	4日目	5日目	6日目
イーマル	25	20				
ミルマリ	27	24				

1日目にも　花火を　つかうので，のこりの　本数(ほんすう)は　30では　ありません。

2 ４日目に　イーマルが　もって　いる　花火の　のこりの　本数(ほんすう)は　何本(なんぼん)でしょう。

3 ２人(ふたり)が　もって　いる　花火の　のこりの　本数(ほんすう)を　合(あ)わせると　28本に　なるのは　何日目(なんにちめ)でしょう。

4 ２人(ふたり)が　もって　いる　花火の　のこりの　本数(ほんすう)の　ちがいが　10本に　なるのは　何日目(なんにちめ)でしょう。

●おわったら　わくわくシールを　はりましょう。

算数1 算数2 算数3 算数4 算数5 算数6 算数7 算数8 算数9 算数10 算数11 算数12 算数13 算数14 算数15 算数16 経験 ドリル8 国語8 ドリル7 国語7 ドリル6 国語6 ドリル5 国語5 ドリル4 国語4 ドリル3 国語3 ドリル2 国語2 ドリル1 国語1

答えは「解答・解説」８ページ

10 ひょうに　まとめよう

□月　□日

1　ミルマリは，今週　ひろった　貝がらの　数を　ノートに まとめました。

・日曜日に　ひろった　貝がらの　数は 4まいでした。

・火曜日は　あと　7まい　ひろえば 10まいでした。

・月曜日は　5まい　ひろいました。

・月曜日と　金曜日に　ひろった　貝がらの　数を　合わせると　13まいでした。

・金曜日に　ひろった　貝がらの　数は　水曜日より　1まい　少ないです。

・木曜日に　ひろった　貝がらの　数は　月曜日と　同じです。

・木曜日と　金曜日と　土曜日に　ひろった　貝がらの　数を 合わせると　20まいです。

上の　ノートを　読んで，下の　ひょうを　かんせいさせましょう。

曜日	日曜日	月曜日	火曜日	水曜日	木曜日	金曜日	土曜日
数	4						

おうちの かたへ	今回の 学習のねらい	・数直線を利用して，数の大小や系列に関する理解を深める。 ・1目盛りの大きさが異なるさまざまな数直線を読み取れるようになる。

3 数の線を　見て　答えましょう。

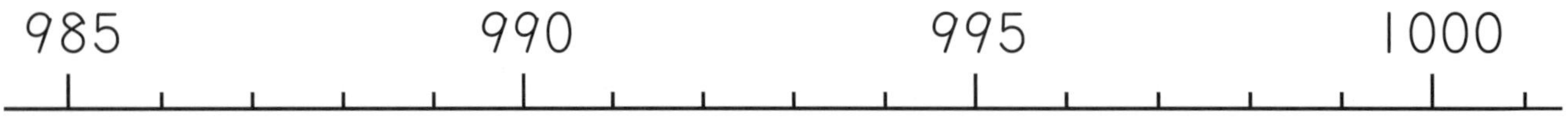

① いちばん　小さい　目もりは，１目もりで　いくつを　あらわして　いるでしょう。 □

② 993より　3大きい　数は　いくつでしょう。 □

③ 990より　4小さい　数は　いくつでしょう。 □

はってん

4 数の　ならび方の　きまりを　考えて，□に　あてはまる　数を　書きましょう。

① 50 － □ － 30 － 20 － □ － 0

② 100 － □ － 200 － 250 － □ － 350

③ □ － 789 － □ － 791 － 792 － 793

④ 990 － 992 － □ － 996 － 998 － □

●おわったら　わくわくシールを　はりましょう。

9 数の線

□月 □日

1 数の線を　見て　答えましょう。

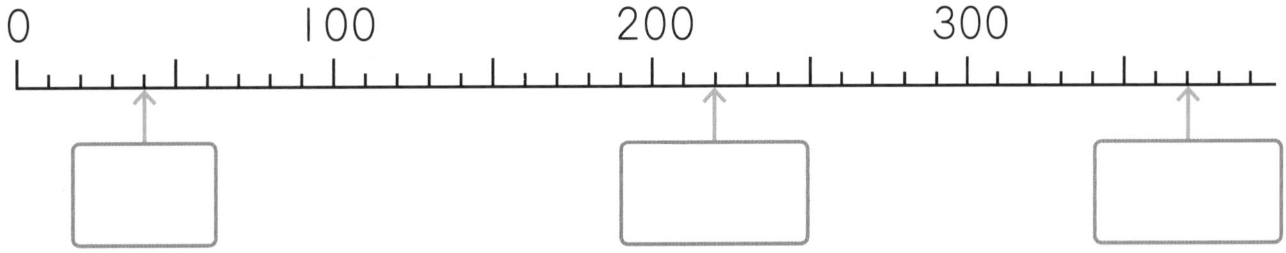

1 いちばん　小さい　目もりは，1目もりで　いくつを　あらわして　いるでしょう。 □

2 上の □ に　あてはまる　数を　書きましょう。

3 160を　あらわす　目もりに　↑を　書きましょう。

2 □ に　あてはまる　数を　書きましょう。

1

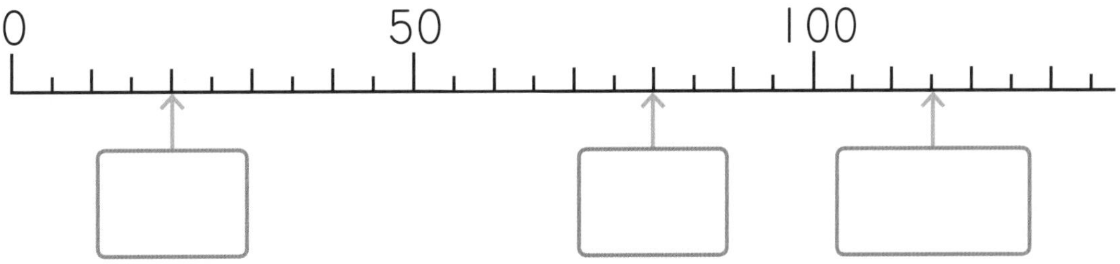

2

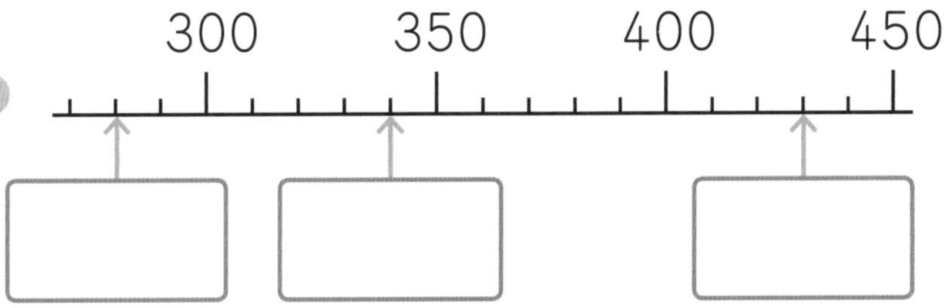

はってん 3

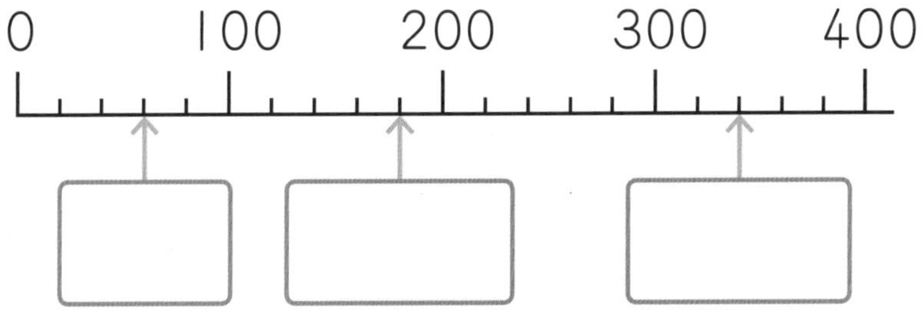

おうちのかたへ	今回の学習のねらい	・資料を整理して表やグラフにまとめることができるようになる。 ・表とグラフそれぞれの特徴を理解し，使い分けができるようになる。

2 海の家で　かきごおりを　売って　います。今日　売れた　数を　ひょうに　まとめました。

しゅるい	いちご	メロン	レモン	ぶどう
数	7	8	5	6

1 売れた　かきごおりの　数を　◯を　つかって，下の　グラフに　あらわしましょう。

いちご										
メロン										
レモン										
ぶどう										

2 売れた　レモンの　かきごおりの　数は　何こでしょう。

3 売れた　数が　いちばん　多かったのは　どの　かきごおりでしょう。

4 売れた　数が　メロンの　かきごおりより　2こ　少ないのは　どの　かきごおりでしょう。

●おわったら　わくわくシールを　はりましょう。

8 ひょうと　グラフ

□月　□日

1　下の　絵に　いる　生きものの　数を　しらべます。

① 生きものの　数を
しゅるいごとに　数え，
○を　つかって
右の　グラフに
あらわしましょう。

② ひょうに　まとめましょう。

生きもの				
数	4			

おうちの かたへ	今回の 学習のねらい	・100より大きい数の読み方や書き方を理解する。 ・100より大きい数の数構成を理解する。

3 □に　あてはまる　＞，＜を　書きましょう。

1 323 □ 198

2 199 □ 211

3 543 □ 456

4 □に　あてはまる　数を　書きましょう。

1 654は，100を □ こと　10を □ こと

1を □ こ　合わせた　数です。

2 100を　5こ，10を　3こ　合わせた　数は □ です。

3 400は　10を □ こ　あつめた　数です。

4 百のくらいが　4で　十のくらいが　3で　一のくらいが

2の　数は □ です。

はってん
5 659は，600と　50と　9を　合わせた　数です。

これを　しきで　あらわすと，

659＝□＋□＋□

に　なります。

●おわったら　わくわくシールを　はりましょう。

7 大きい 数

□月 □日

1 ブロックが あらわして いる 数を 数字で 書きましょう。

れい

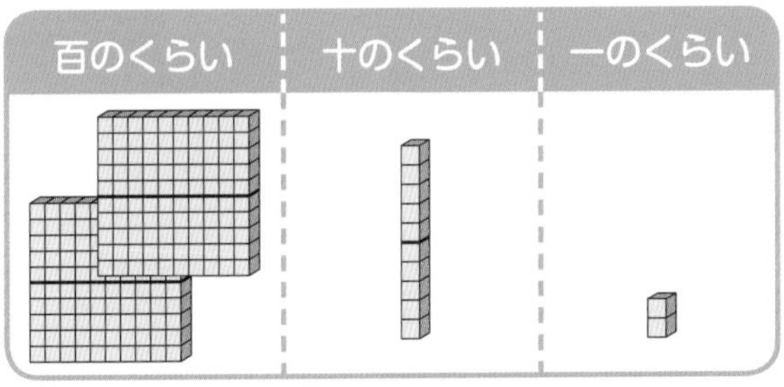

212

① 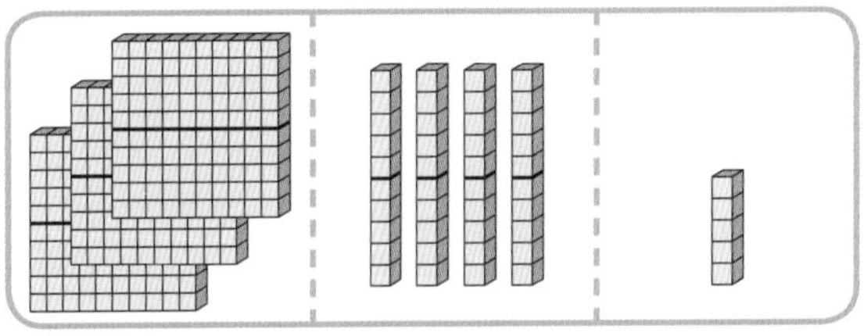

② 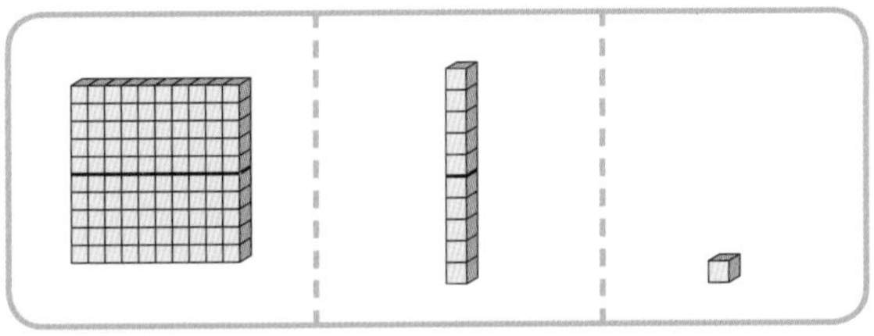

③ 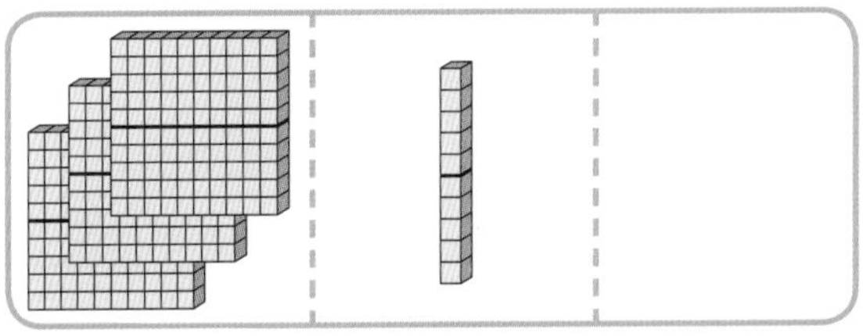

④ 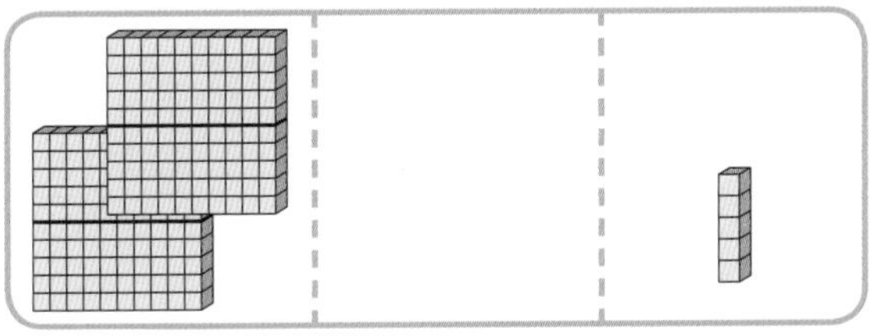

⑤ 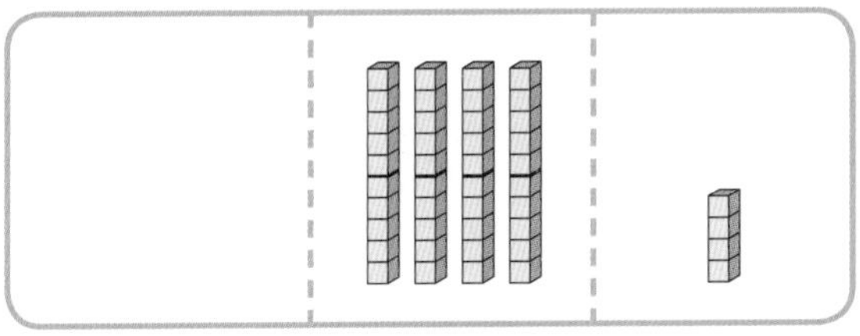

2 数字で 書きましょう。

① 八百四十八

② 三百四十九

③ 六十八

④ 六百五

おうちのかたへ	今回の学習のねらい	・ものさしの使い方を理解し，長さを測ることができるようになる。 ・身近なものの長さを予測してから測定することで量感を育てる。

3 つぎの 長さを よそうして，□に 長さを 書きましょう。また，ものさしで 長さを たしかめて，□に 長さを 書きましょう。

1 この 本を とじた ときの よこ（みじかい ほう）の 長さ。

よそう! □　たしかめ □

はってん 2 あなたの 人さしゆびの 長さ。

よそう! □　たしかめ □

4 ものさしを つかって，つぎの 長さの 直線を □の 中に ひきましょう。

1 7cm7mm

□

2 **3**の2で はかった ゆびの 長さ。

□

5 長い ほうの （　）に ○を 書きましょう。

1
（　　）10cm
（　　）86mm

2
（　　）19mm
（　　）2cm

3
（　　）2cm9mm
（　　）20mm

●おわったら　わくわくシールを　はりましょう。

6 長さ

□月 □日

1cmは，1mmが10こ分の長さです。

1cm＝10mm

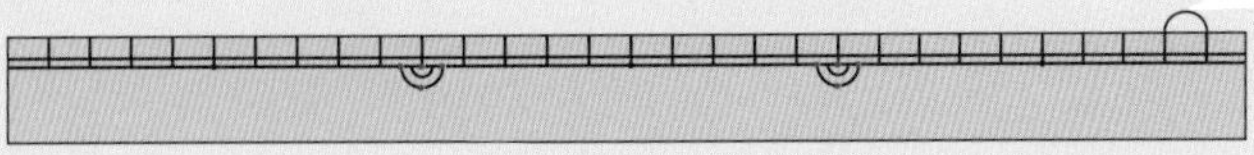

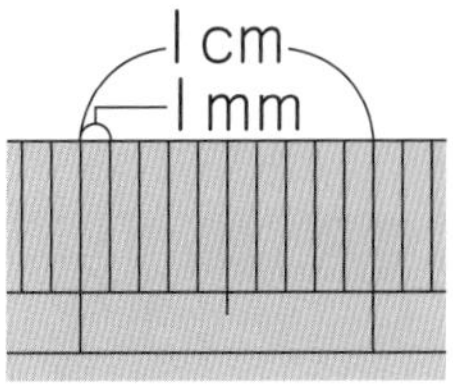

1 □に あてはまる 数を 書きましょう。

① 1cmは 1mmが □こ分の 長さです。

② 1mmを 35こ あつめると □mmに なります。

35mmは □cm □mmと 同じ 長さです。

③ 2cm7mmは □mmです。

2 絵を 見て，テープの 長さを 答えましょう。

①

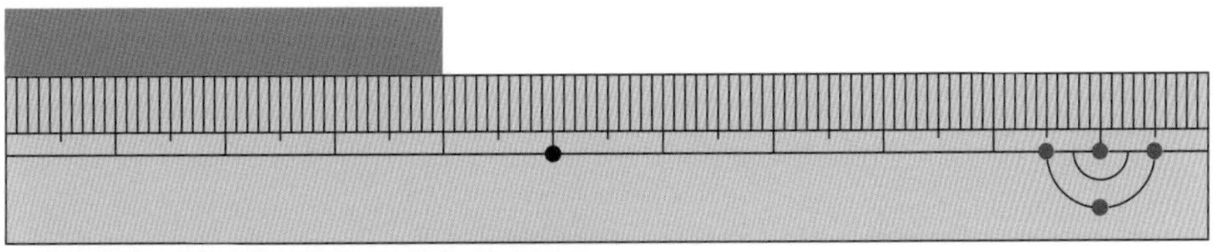

□

②

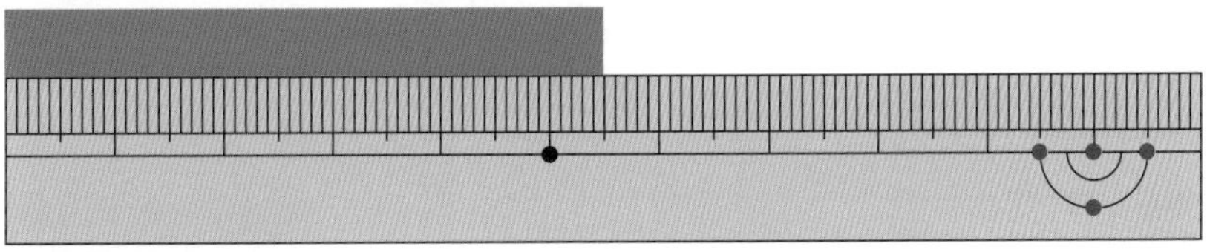

□

③

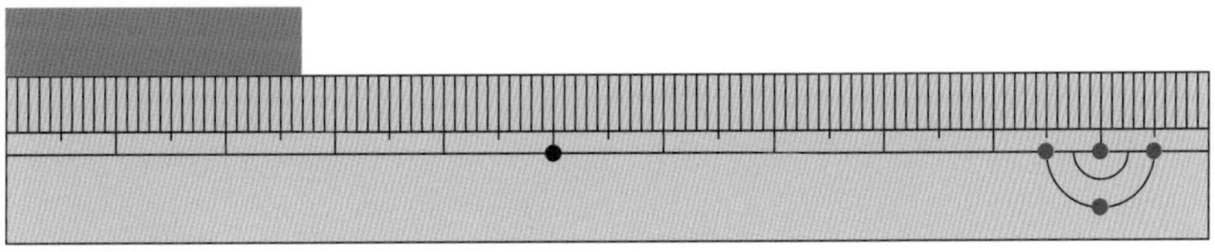

□

長さを 読みとる ときは，はじめに 大きい 目もり(cm)を 読みとり，つぎに 小さい 目もり(mm)を 読みとるよ。

おうちのかたへ	今回の学習のねらい	・筆算の仕組みを理解し，繰り上がりや繰り下がりのある筆算ができるようになる。 ・文章を読み，たし算かひき算かを判断して，正しく立式できるようになる。

3 90人のりの　船に　大人が　28人，子どもが　36人
のって　います。

① この　船に　のって　いる　大人と
子どもは，どちらが　何人　多いでしょう。

筆算

しき

答え

② この　船には　ぜんぶで　何人の　人が
のって　いるでしょう。

筆算

しき

答え

③ この　船には　あと　何人の　人が
のれるでしょう。

筆算

しき

答え

ときおわったら，あいて　いる　ところで　答えの　たしかめも　しよう。

● おわったら　わくわくシールを　はりましょう。

5 たし算・ひき算の 筆算 ②

□月 □日

1 筆算で しましょう。

① 26＋36　② 53＋19　③ 42＋38

④ 68－29　⑤ 31－17　⑥ 84－36

2 □に あてはまる 数字を 書きましょう。

①
```
  1 □
+ 2 5
-----
  4 4
```

②
```
  2 7
+ □ 6
-----
  6 3
```

③
```
  4 2
- 2 □
-----
  1 4
```

おうちのかたへ	今回の学習のねらい	・1時間が60分であることを理解する。 ・午前，午後という用語を日常生活で利用できるようになる。

4 ミルマリが 朝，家を 出た 時こくを「午前」，「午後」を つかって 書きましょう。

ミルマリが 朝，家を 出た 時こく

5 イワンコは，午前8時30分から 魚つりを はじめました。さいしょの 魚が つれるまでに かかった 時間は 15分です。イワンコが さいしょに 魚を つった 時こくを「午前」，「午後」を つかって 答えましょう。

6 イーマルは，午後1時40分に みなとを 出ぱつする 船に のろうと して います。イーマルが みなとに ついたのは，船が 出ぱつする 20分前でした。イーマルが みなとに ついた 時こくを「午前」，「午後」を つかって 答えましょう。

●おわったら わくわくシールを はりましょう。

4 時こくと　時間

月　　日

時計の　長い　はりが　1回りする　時間は　1時間です。
1時間は　60分です。

1 □に　あてはまる　数を　書きましょう。

① 60分＝□時間

② 1時間10分＝□分

③ 93分＝□時間□分

2 □に　あてはまる　数を　書きましょう。

① 3時から　6時までの　時間は　□時間です。

② 7時26分の　1時間あとの　時こくは　□時□分です。

3

3時15分から　えい画が　はじまりました。
えい画が　おわるまでの　時間は　2時間です。
えい画が　おわる　時こくは　何時何分でしょう。

おうちのかたへ	今回の学習のねらい	・筆算の仕組みを理解し，繰り上がりや繰り下がりのない筆算ができるようになる。 ・たし算とひき算の関係を知り，検算に利用することができるようになる。

たし算と　ひき算の　かんけい

ひき算の　答えに　ひく数を　たすと，ひかれる数に　なります。

```
  7 8 ← ひかれる数        4 3 ← たされる数
- 3 5 ← ひく数          + 3 5 ← たす数
-----                   -----
  4 3 ← 答え              7 8 ← 答え
```

78−35の　答えを　たしかめる　ときは，43+35，43+35の　答えを　たしかめる　ときは，78−35を計算すれば　いいんだね。

はってん

3 筆算を　して，答えの　たしかめも　しましょう。

① 筆算

```
  3 4
+ 2 1
-----
```

たしかめ

```
  □□
- 2 1
-----
  □□
```

② 筆算

```
  1 3
+ 7 3
-----
```

たしかめ

③ 筆算

```
  7 3
- 2 2
-----
```

たしかめ

```
  □□
+ 2 2
-----
  □□
```

④ 筆算

```
  4 8
- 3 7
-----
```

たしかめ

●おわったら　わくわくシールを　はりましょう。

3 たし算・ひき算の　ひみつ

□月 □日

1 海に　大人が　43人，子どもが　35人　います。
ぜんぶで　何人　いるでしょう。

① □ に　あてはまる
数を　書きましょう。

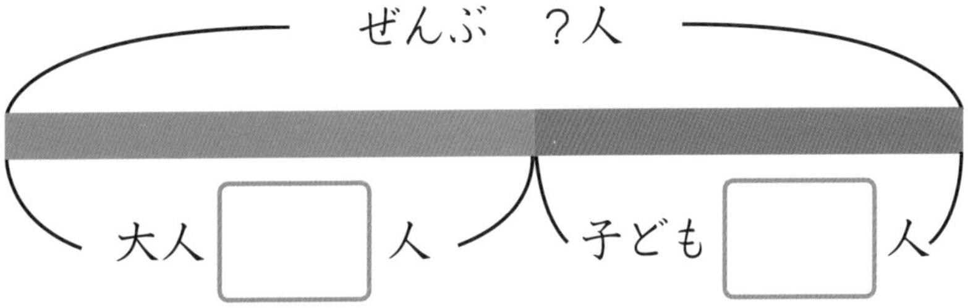

② しきを　書いて　答えを　もとめましょう。

しき

答え

筆算

2 海に　78人　います。子どもは　35人です。大人は
何人　いるでしょう。

① □ に　あてはまる
数を　書きましょう。

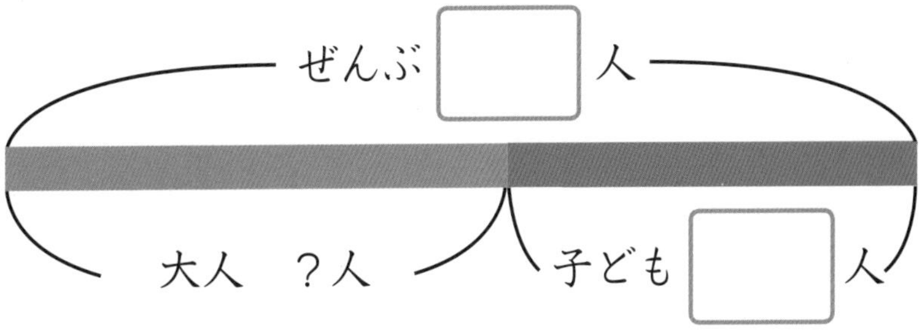

② しきを　書いて　答えを　もとめましょう。

しき

答え

筆算

おうちの かたへ	今回の 学習のねらい	・筆算の仕組みを理解し，繰り上がりや繰り下がりのない筆算ができるようになる。 ・文章を読み，たし算かひき算かを判断して，正しく立式できるようになる。

3 かもめが　34羽　います。そこへ　22羽　とんで　きました。かもめは　ぜんぶで　何羽に　なったでしょう。

筆算

しき

答え

4 貝が　35こ　あります。そのうちの　24こを　ラッコが　おなかの上で　わりました。わって　いない　貝は　何こでしょう。

筆算

しき

答え

5 イーマルは　98円　もって　います。65円の　アイスを　買うと，のこりは　何円に　なるでしょう。

筆算

しき

答え

●おわったら　わくわくシールを　はりましょう。

答えは「解答・解説」6ページ

2 たし算・ひき算の　筆算 ①

□月□日

1 筆算で　しましょう。

① 11＋35

② 27＋42

③ 53＋25

④ 68－24

⑤ 31－21

⑥ 77－33

2 □に　あてはまる　数字を　書きましょう。

①
```
  2 4
+ 3 □
-----
  5 5
```

②
```
  □ 3
+ 2 4
-----
  9 7
```

③
```
  □ 5
- 2 4
-----
  5 1
```

おうちのかたへ	今回の学習のねらい	・1分刻みでの時計の読み取りや表現を復習する。 ・「ある時刻から一定時間前後の時刻」を求められるようになる。

算数

3 時計を　読み，□に　あてはまる　数を　書きましょう。

① 

5時から　□分が　たちました。

時こくは　□時□分です。

② 

時こくは　□時□分です。

あと　□分で　□時に　なります。

③ 

4時半から　□分が　たちました。

時こくは　□時□分です。

あと　15分で　□時に　なります。

4 ミルマリは，右の　時計の　時こくに　家を　出て，10分あとに　海に　つきました。ミルマリが　海に　ついた　時こくを　答えましょう。

□

●おわったら　わくわくシールを　はりましょう。

答えは「解答・解説」6ページ

1 時計

月　日

1 時計を　読み，□に　時こくを　書きましょう。

①

②

③

④

⑤

⑥

2 時計を　読み，正しい　ほうの（　）に　◯を　書きましょう。

「何時半」と　「何時30分」は
同じ　いみだよ。
どちらの　言い方で　答えても　いいよ。

（　）もうすぐ　9時

（　）9時すぎ

算数

すきな 色（いろ）を ぬろう

Z-KAI　わくわくポスター

アルファベットの大文

音声DL 01 聞いてみよう

※発音を聞いてみましょう。音声ダウンロードの方法は右下をごらんください。

A a

B b

C c

D

H h

I i

J j

K

O o

P p

Q q

R

V v

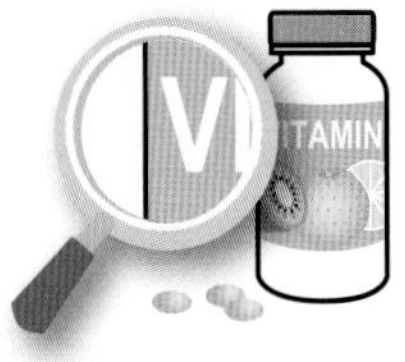

W w

X x

Y

文字と小文字

みんなのまわりのアルファベットをさがしてみよう！

大文字 小文字

A a

みんなのまわりのアルファベット

d

E e

F f

G g

k

L l

M m

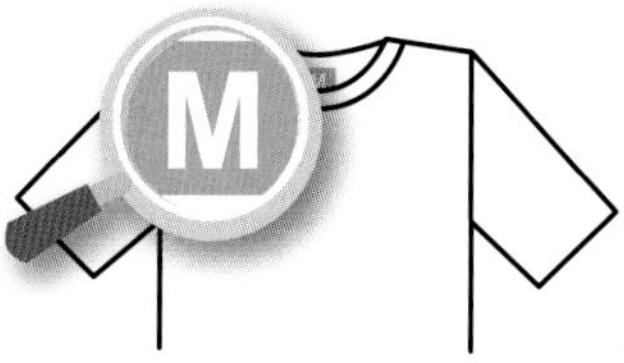

N n

r

S s

T t

U u

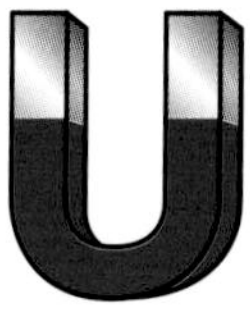

y

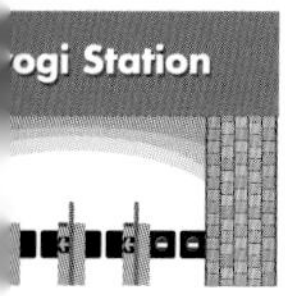

Z z

Z-KAI

音声ダウンロードの方法

お手持ちのパソコンから，以下のウェブサイトにアクセスしてください。

https://www.zkai.co.jp/books/wkwksummer-2onsei/

右のコードからでもお聞きいただけます。

おうちのかたへ

お子さまが本冊子に取り組み終わったら，この「賞状」にお子さまとおうちのかたの名前を記入して，あたたかい励ましの言葉とともに，お子さまにお渡しください。

き　り　と　り

き　り　と　り

賞（しょう）状（じょう）

＿＿＿＿＿＿＿＿＿＿＿＿＿＿ さま

あなたは，

「Ｚ会小学生わくわくワーク

２年生夏休み復習編（ふくしゅうへん）」を

りっぱに　やりとげましたので

ここに　賞（しょう）します。

これからも　がんばって　ください。

□ 月 □ 日

＿＿＿＿＿＿＿＿＿＿＿＿ より

保護者の方へ

解答・解説

Z会 小学生わくわくワーク

夏休み復習編 2

冊子をつかんで，
少し力を入れて引っ張ってください。
本体から離れます。
別冊としてお使いください。

解答・解説の見方

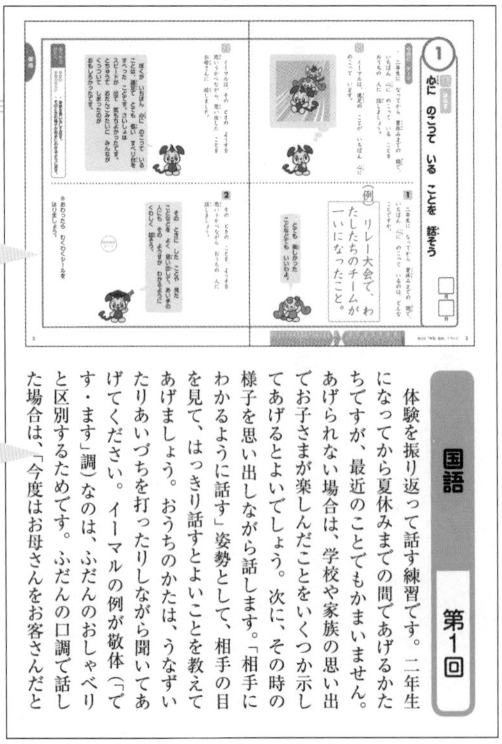

ポイント1

正解や例を赤字で
示してあります。

ポイント2

各単元の学習ポイントや
アドバイスが示してあります。

保護者の方へ

この冊子では，
問題の答えと，**各単元の学習ポイント**や，
お子さまをほめたりはげましたりする
声かけのアドバイスを掲載しています。
取り組まれる際や丸をつける際に
お読みいただき，お子さまの取り組みを
あたたかくサポートしてあげてください。

低学年の時期は，
できるだけほめてはげまして，
お子さまの
やる気を引き出してあげることが
大切です。
でも，具体的に
どうアドバイスすればよいのか
迷うこともありますよね。

もくじ

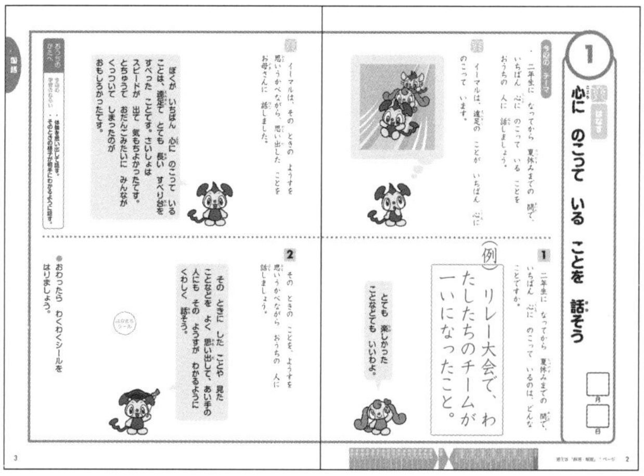

国語　第1回

体験を振り返って話す練習です。二年生になってから夏休みまでの間であげるかたちですが、最近のことでもかまいません。あげられない場合は、学校や家族の思い出でお子さまが楽しんだことをいくつか示してあげるとよいでしょう。次に、その時の様子を思い出しながら話します。「相手にわかるように話す」姿勢として、相手の目を見て、はっきり話すとよいことを教えてあげましょう。おうちのかたは、うなずいたりあいづちを打ったりしながら聞いてあげてください。イーマルの例が敬体（「です・ます」調）なのは、ふだんのおしゃべりと区別するためです。ふだんの口調で話した場合は、「今度はお母さんをお客さんだと思って話してごらん。」などと条件をつけると、はりきって取り組めるでしょう。

　具体的に思い出すのが難しそうな場合は、「遠足では、○○をしたことがおもしろかったって言ってなかった？」など、思い出すきっかけをおうちのかたが話してあげるとよいでしょう。話す内容が説明不足になっている場合は、適宜質問をはさみ、具体的な話を引き出してあげましょう。

　お子さまなりに具体的に話すことができたら、大いにほめてあげてください。

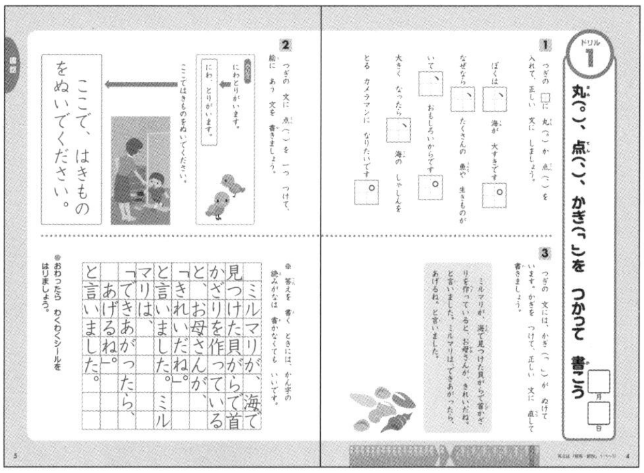

国語ドリル　第1回

3「　」の中の2行目（以降）は、一ます空けて書く形式を示しました。教科書では基本的にこの形式です。ただし、一ます空けない形も誤りではありませんので、学校での指導に従って覚えておきましょう。

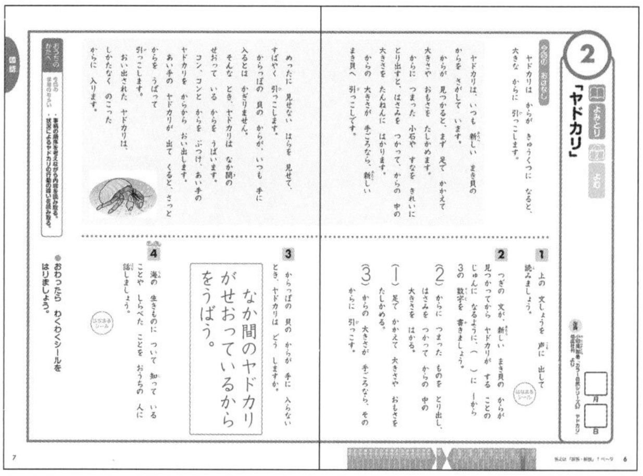

国語　第2回

ヤドカリの成長は背負っている殻の大きさに左右されるため、大きな殻を手に入れようと、「いつも」探しているのです。問題文では、新しい殻に引っ越す方法が具体的に説明されています。その点に注目して読むように促すとよいでしょう。

2 ヤドカリの行動の順序をとらえる問題です。順序を意識しながら読むことは、低学年の国語における重要課題の一つです。今後、長い文章を読む場合、事柄の順序を把握しながら読み進めることが大切になりますので、このような問題に意識的に取り組むことには意味があります。三つの選択肢の文に○、△、×などの印をつけ、それらに対応する問題文の記述に同じ印をつけると、確実な読み取りができるでしょう。

3 今度は、文章の後半部から、空いた殻が「手に入らないとき」にどうするのかを読み取ります。解答例のようなまとめ方でなくても、「なか間（あい手）のからをうばう。」という要素が書けていれば正解としてください。「なか間（あい手）をおい出す。」という表現でもかまいません。

4 魚やカニなど、どんな生き物でもかまいません。話すことでお子さまの興味と知識を存分に引き出してあげてください。

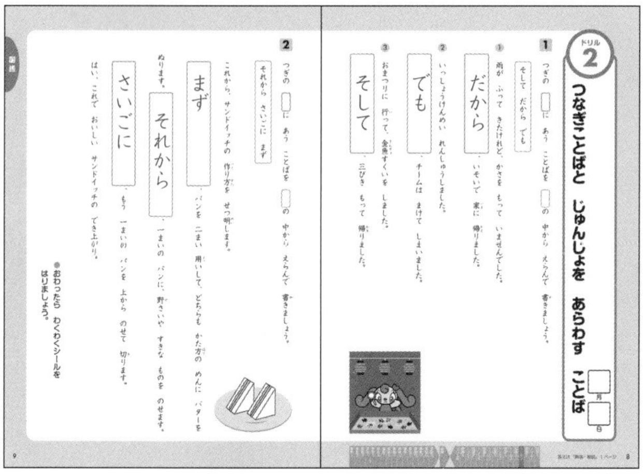

国語ドリル　第2回

1 の接続詞や **2** の事柄の順序を説明するときに用いる言葉の正確な理解は論理的な思考を身につけるうえで大変重要です。前後の意味のつながりに着目して適切な言葉を選べるように援助してあげましょう。

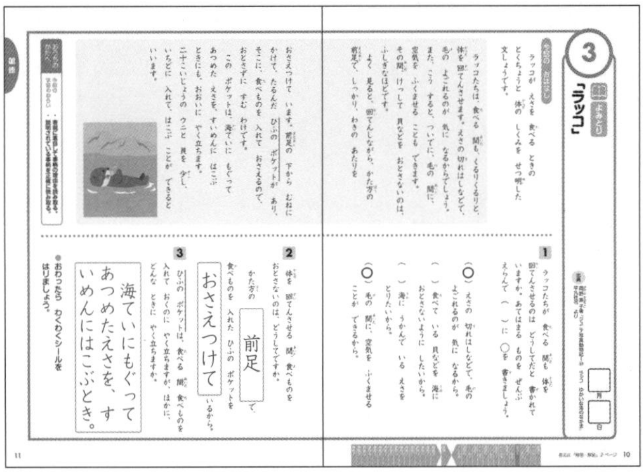

「ラッコ」

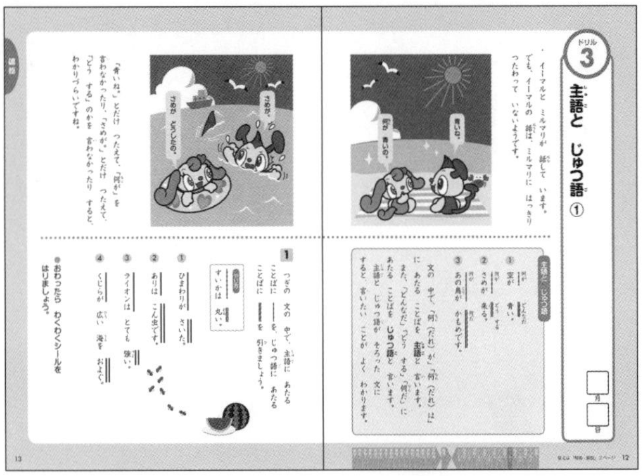

主語と じゅつ語 ①

国語 第3回

1「食べる間も……回てんさせます」の直後に、理由が書かれています。お子さまが戸惑っている場合は、まず、「……気になるから」という理由を表す言い方に着目するよう促し、次に、「また、こうすると……できます」と、もう一つの理由を示してあげましょう。「食べている貝などを海におとさないようにしたいから」を選んだ場合は、「おとさないのは、ふしぎ」と書かれていることを説明してあげてください。

2第二段落の「……ので、おとさずにすむ」という表現に気づくことがポイントです。「ので」の意味を説明してあげるとわかりやすくなるでしょう。「おさえつけて」を「おさえて」などと答えていてもかまいません。

3「何を」にあたる「海ていにもぐってあつめたえさを」がおさえられていれば、内容を把握できていることになります。「すいめんにはこぶ」の部分が「入れる」などの表現であっても十分評価できます。

国語ドリル 第3回

主語・述語などの文法用語はお子さまにはわかりにくいものです。理解しづらそうであれば、右下の説明を一緒に確認するとよいでしょう。1の意図が理解できない場合は、「やり方」を用いて説明してあげてください。3の「とても」なども述語に含まれると考えた場合は、述語をおさえたことを認めたうえで、「とても」は、「強い」を詳しく説明している言葉で、述語とは言わないことを説明してあげましょう。

お絵かきてんごんゲームを やって みよう

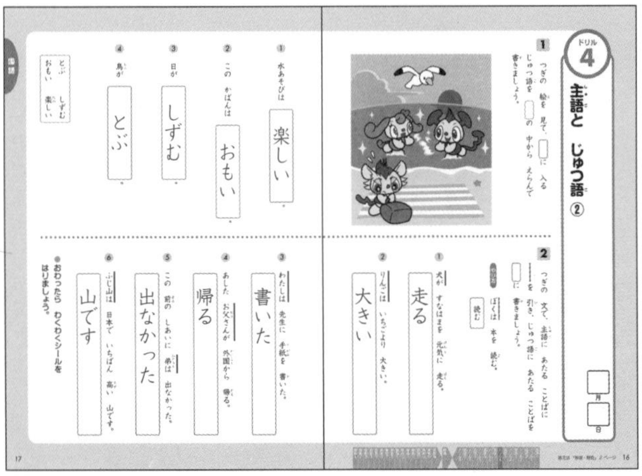

主語と じゅつ語 ②

国語 第4回

お子さまが一人で取り組む場合は、お子さまが絵の説明を読み、読み取ったことをもとに絵をかきます。おうちのかたと取り組む場合は、おうちのかたが問題を読み上げ、お子さまはそれを聞いて絵をかいてください。テキストの解答欄でなく、ほかの紙にかいてかまいません。

言葉通りに絵を再現するのは、案外難しいものです。先に、「これは、ある生き物の顔の絵です。」などと、全体のイメージを伝えてから詳しい説明に入ってもよいでしょう。うまくかけないでいるところでヒントを出してあげるのも効果的です。

ここでは、絵の善し悪しは評価しないでください。記入すべき要素がきちんと盛り込まれていれば、正しく聞き取れた（読み取れた）ことをほめてあげましょう。

2出題者と解答者を交替しながら、いろいろな絵柄に挑戦してみてください。説明が複雑になるようなものは避け、なるべく単純な形（バス・電車など）にしましょう。

国語ドリル 第4回

取り組む前に、ドリル第3回の説明を読んで、主語と述語について再度確認するとよいでしょう。1は、主語にふさわしい述語を選ぶ問題です。「水あそびはおもい。」といった文では意味がとおらないことを教えてあげてください。2で主語・述語以外の言葉も含めて答えた場合は、「『何が（は）』『だれが（は）』にあたる言葉はどれかな。」などと、わかりやすい言葉に言い換えて、改めて考え直させるとよいでしょう。

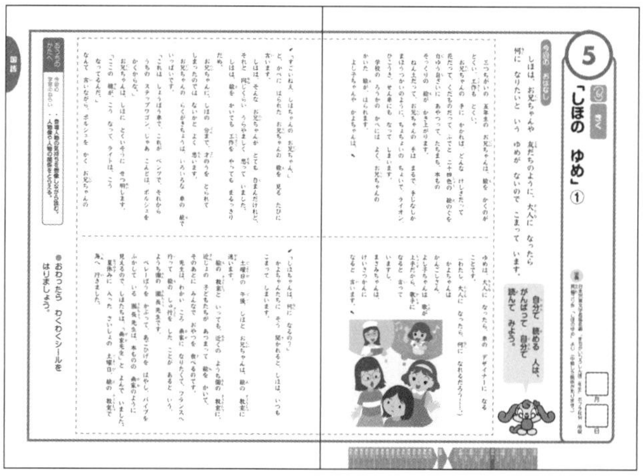

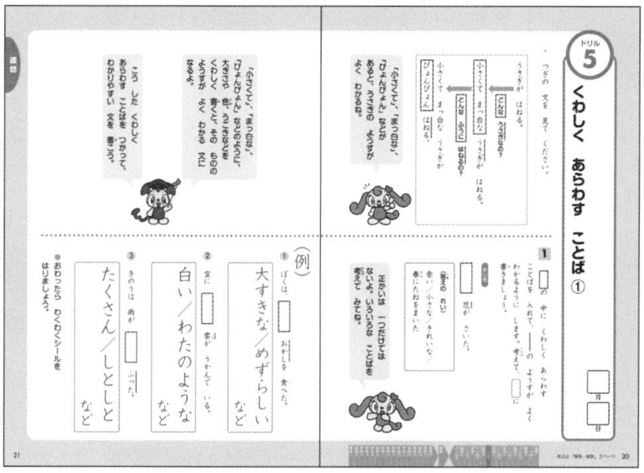

国語 第5回

今回は、しほと周囲の人物との関係に着目し、しほがどのような思いを抱いているかをとらえられればよいでしょう。

しほは、絵や工作の得意なお兄ちゃんが「とても自まんだけれど」、「うらやましく思って」います。また、お兄ちゃんは車のデザイナーになる夢をもっています。友達にもそれぞれなりたいものがあります。でも、しほにはありません。まだこれといった夢がないしほは、あせりを感じているのです。読み聞かせを行う場合は、人物の関係が理解しやすいように、ゆっくり読むとよいでしょう。また、お兄ちゃんの会話文を得意そうに読んだり、しほの（わたし、大人になったら、何になれるだろう……。）の部分を困った気持ちをこめて読んだりすると、理解の助けとなるでしょう。

このあとの場面を第6回と第7回で取り上げますので、お子さまに「このあとどうなるだろうね。」など、次の展開に期待がもてるような言葉をかけてあげてください。

国語 ドリル 第5回

修飾語についての学習です。上段の説明をよく読み、**1**に取り組みましょう。□の中に入れる言葉によって描かれる情景が変わることが実感できれば、言葉を大切にして文章を書く気持ちにつながるでしょう。一般的ではない言葉を解答した場合は、お子さまにそれがどんな様子なのか、口頭で説明してもらいましょう。そして、お子さまの考えを認めたうえで、一般的な用例を教えてあげるとよいでしょう。

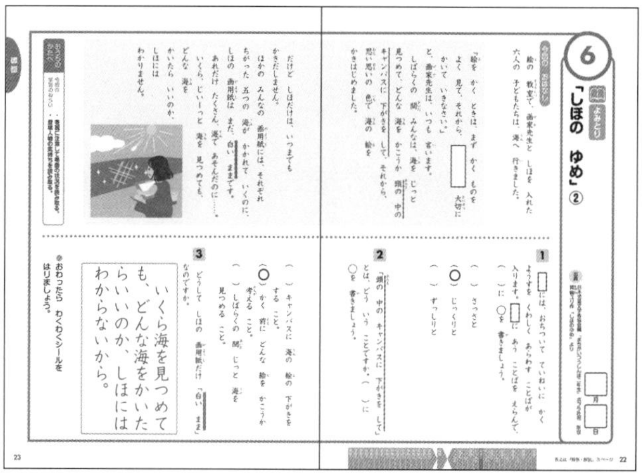

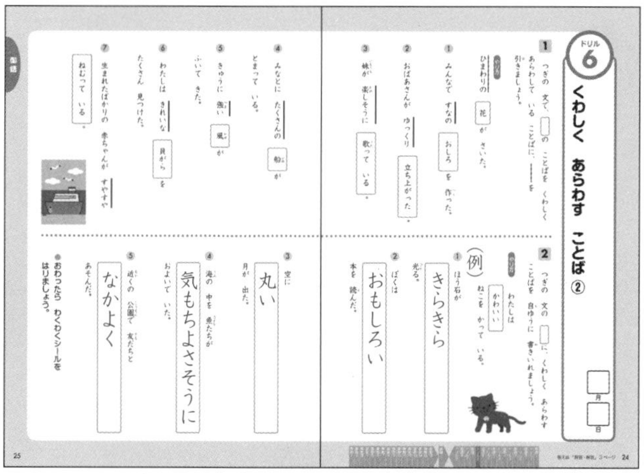

国語 第6回

1お子さまが解答に悩まれているようでしたら、設問の、どんな言葉が入るのかの説明をもう一度確認し、空欄の直後の「大切に」に続く言葉が入ることを教えてあげるとよいでしょう。

2表現の意味をとらえる問題です。「キャンバス」がわからない場合は、画用紙のように絵をかく布のことであることを説明してあげてください。表現の理解は文章内容を理解するうえで欠かせません。解答できていれば、お子さまの理解力を評価することができます。

3絵をかけないしほの心情を読み取る問題です。画用紙が「白いまま」という表現の意味がわからないようでしたら、直前のほかの子の様子と比べさせるとよいでしょう。また、「まだ考えているとちゅうだから。」といった解答をしている場合、「ここにしほの気持ちが書いてあるよ。」と該当部を示し、文章中の記述に注目するよう促すとよいでしょう。なお、理由を答える問題では、解答の文を「……から。」などで結びます。できていない場合はその点を説明してあげてください。

国語 ドリル 第6回

「くわしくあらわすことば」の意味がわからないようでしたら、ドリル第5回の説明をもう一度確認するとよいでしょう。**1**修飾語と被修飾語の関係を正しくとらえる問題です。**2**の②は「読んだ」を、③は「出た」を修飾する言葉（②は「たくさん」、③は「やっと」など）でもかまいません。

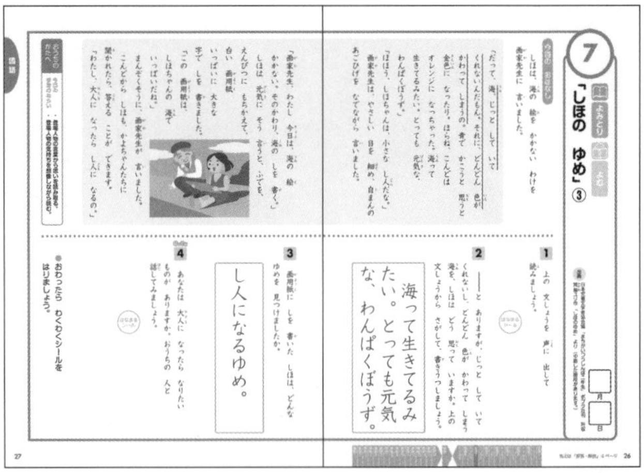

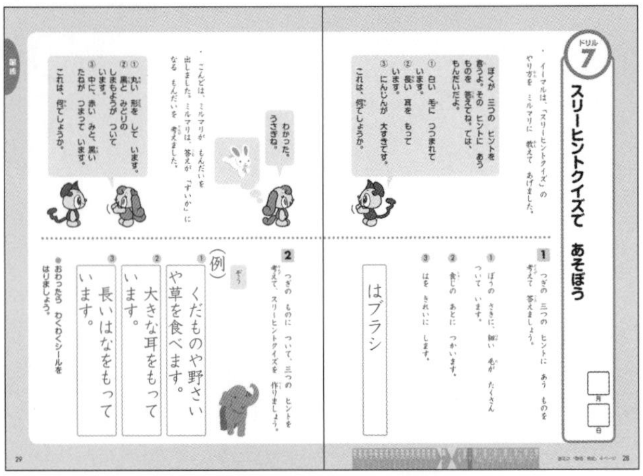

国語 第7回

２しほが海をどう思っているかをとらえます。海を見て感じたことを、しほは比喩を用いて二つ表現しました。一方だけ書いている場合は、同様のことを違う言い方で二つ話していると教えてあげましょう。

海の色が「金色」や「オレンジ」になるというのは、見た様子をそのまま表現したものなので、思いが表れた表現とは言えません。お子さまがこの部分を書いた場合は、「ここは実際に見たことだね。思ったことはどこに書いてあるかな。」と問いかけ、該当部に気づかせてあげましょう。

３解答は、「詩人になる」という要素があれば、どんな表現でもかまいません。

４夢をもつとは、自分なりの生きる目標をもつことであり、とても大切なことです。今は特に夢がなくても、画用紙に詩を書いたしほのように、何かがきっかけとなって見つけられる場合もあります。読後の感想なども交えながら、お子さまの夢について語り合うよい機会にしてください。

国語ドリル 第7回

ものの様子をくわしく表す言葉をクイズをとおして考えます。２では「ぞう」の特徴をとらえたヒントを三つあげていれば正解としてください。ぞうの特徴でないものを書いている場合は、一緒に本で調べるなどして確認するとよいでしょう。また、お子さまとクイズを出し合うのもおもしろいでしょう。その際、最初のヒントで答えがわかってしまわないよう、徐々に核心に迫る順序でヒントを出すとよいでしょう。

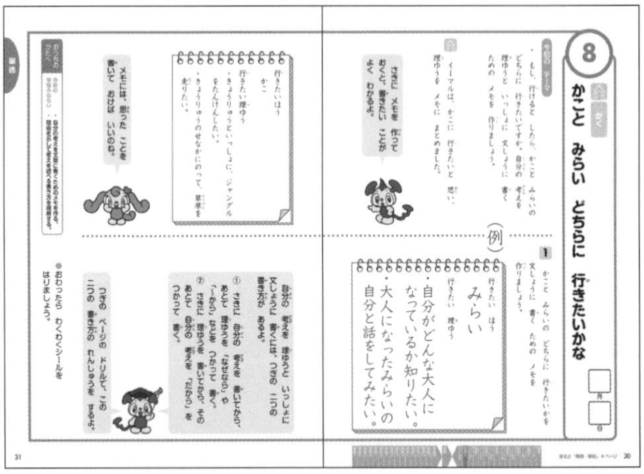

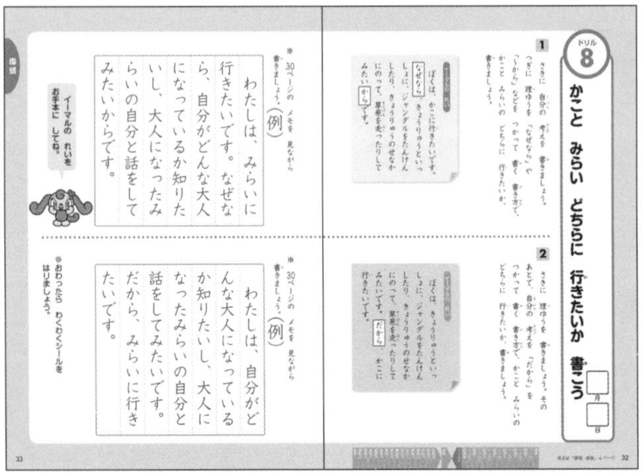

国語 第8回

自分の考えを理由とともに書く練習です。いきなり文章を書くのは、今回のような論理的な文章を書く場合特に難しいものです。書く内容を事前に決めておくと書きやすくなります。それにはメモを作ることが有効です。今回メモを作り、ドリル第8回で文章にまとめますので、なるべく時間をおかずにドリルに取り組むとよいでしょう。メモでは、どちらに行きたいか考えを決め、次に理由を書きます。メモなので、箇条書きで十分です。過去・未来でこれがしたいといった、具体的なことを書きましょう。お子さまなりの理由が述べられていれば、ささいな理由でもかまいません。ただし、過去を選んだ理由として「見てみたいから。」などと書いた場合には、過去のどんなところが見たいのか問いかけ、具体的な理由を引き出してあげるとよいでしょう。

国語ドリル 第8回

文章の構成には、「起承転結」など、さまざまな「形」があります。「形」を身につけることは、作文を書きやすくするための方法の一つです。「形」にとらわれすぎると表現意欲を損なう恐れがありますが、考えを述べる文章では、一定の「形」に従って書くのが効果的です。考えと理由のどちらを先に書くかで、表現の仕方が変わってきます。31ページの説明と、イーマルの例をもとに、二つの「形」があることを意識させてください。そして、「形」にしたがって論理的な文章を書き上げた成果を、大いにほめてあげましょう。

けいけん

経験学習とは

経験学習は，今後の理科社会の学びにもつながる先行体験を行うことで，知的好奇心や表現力などを身につけるための特別な教科です。経験学習は下記２つの要素で構成されます。

経験学習 ＝ **体験学習** ＋ **表現学習**

そしてそのうちの１つ，体験学習は，下記３つの要素で構成されます。

体験学習 ＝ **準備** ＋ **体験** ＋ **発展**

経験を重ねながら，お子さまの力を多角的に引き出し，将来の可能性を広げていきます。

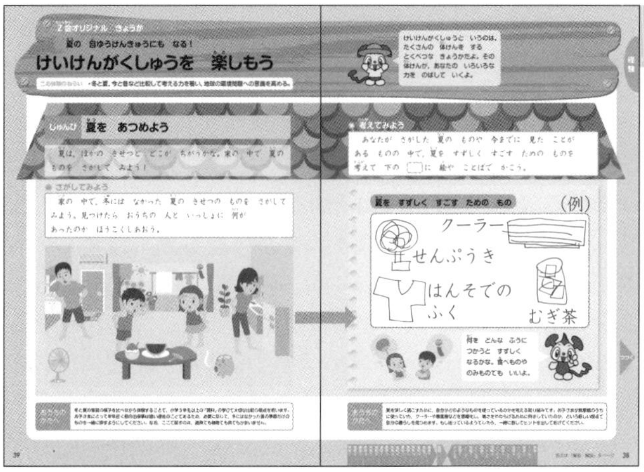

じゅんび

まず準備をしておくことで，体験へのスムーズな導入を図ります。季節感が希薄になってきている現代ですが，だからこそ，季節の移ろいを肌で感じることのできる機会を意識して作ってあげることが必要です。季節の変化を感じられるようにしておくことは，今後中学，高校，大学受験などにも出る「季節ごとの植物や天体の変化」に関する学びにもつながり，日本で脈々と受け継がれてきた季節の移ろいを楽しむ文化を受け継ぐことにもつながるからです。季節を感じられなくなったからとあきらめず，感受性豊かなこの時期に，できるだけたくさんの，季節を感じる体験をさせてあげましょう。

体けん

身の回りの夏を探した後で，今度は視野を広げて昔の人の涼の工夫について学びます。情報の多いこの時代に，知りたいことを自分の力で調べ，必要な知識を得る経験を積んでおくことは大変重要です。知の世界を広げ始めた今だからこそ，調べてわかることのおもしろさと調べ方を学んでおきましょう。知らないことを知る，ということのおもしろさを体感しているお子さまは，自ら楽しみながら学んでいけるようになるからです。なお，調べ学習は本来小学３年生以上の社会で行う，今の段階では難しい取り組みです。必要に応じておうちのかたのサポートをお願いします。

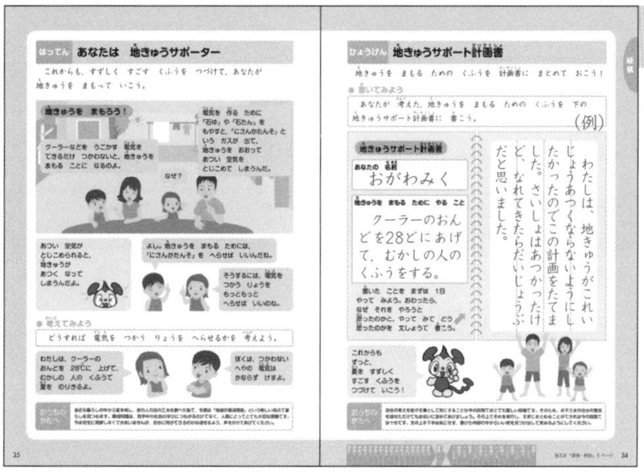

はってん・ひょうげん

ただの体験で終わりにするのではなく，実際に体験したことを通して「地球の環境問題」について考えます。自分が丸い地球の上に立っていることもまだ正式には習っていない段階で，環境問題について考えるのは難しいことですが，「自分に何ができるか」というところから考えていくことで，人類にとってとても大きな課題について考え始める土台を作ります。体験後，環境問題を取り上げたニュースなどを一緒に見て，関心を深めていくのもよいでしょう。また，考えたことを表現する機会を通じて，自分の考えをまとめ，伝える力をはぐくみます。

夏の自由研究にする場合

涼しくするために自分がどのようなことをしていたかを調べてまとめ，その結果屋外と室内でそれぞれ何℃くらいだったかを比較観察しましょう。その後，昔の人の涼の工夫について調べたりインタビューを行ったりし，実際に試してどれくらいの効果があるかを調査します。さらに温暖化に関する環境問題について調べた上で，それらの研究結果をレポートとしてまとめてみてください。

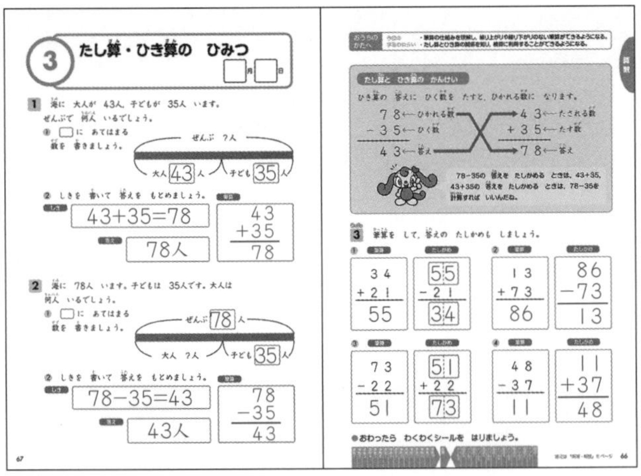

算数　第３回

今回は海にいる人の数という場面を用いて，たし算とひき算が逆の関係にあるということを学びます。**1**と**2**の問題に取り組んだ後に，2つの問題が同じ場面を表していることに気づけるとよいでしょう。「ひき算の答えにひく数をたすと，ひかれる数になる」という事実のみを覚えるのではなく，**1**のような具体的な場面を思い出して考えてみると，たし算とひき算の関係や，答えを確かめる方法を覚えやすくなります。このような関係を教科書ではひき算の検算に用いることが中心に扱われていますが，本書ではたし算の検算にも応用させています。今のうちから検算をする習慣をつけておくとよいでしょう。

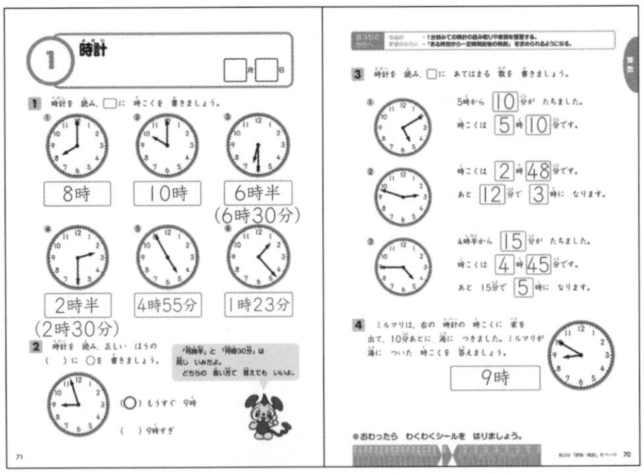

算数　第１回

1の時計の読み取りは1年生で学習した内容です。しかし，子どもにとっては，我々大人が考える以上に難しいものです。普段の生活の中で「今，何時かな？」「○時○分から夕ご飯を食べよう。」などの時刻を意識した声かけをしておくとよいでしょう。**4**のような，ある一定時間前後の時刻を求める際には，時計の針がどのように変化するのかをイメージすることが大切です。問題にある時計に針をかきこんだり，ご家庭にある時計を実際に動かしたりするなどの取り組みもあわせて行うとよいでしょう。なお，**3**②は「あと72分で4時」などでも正解ですので，そのような答えを書いている場合も○にしてあげてください。

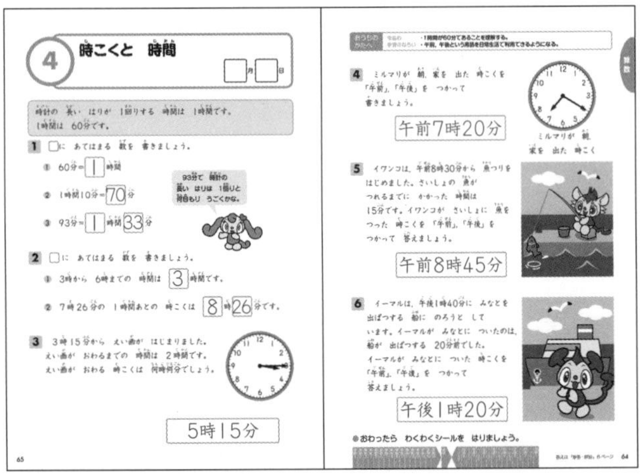

算数　第４回

1では，時間と分の単位換算の問題を取り上げました。イラストの吹き出しにあるように，**1**③は，93分は時計の長い針が1回りと何目盛り動くかを考えます。まずは，実際の時計を見て，時計の長い針が1回りするのに60分かかる（60目盛り分動く）ことを確認してあげてください。次に，93−60＝33だから，93分は60分と33分を合わせた時間だということを確認します。最後に，60分＝1時間なので，1時間33分と求められることを教えてあげるとよいでしょう。**4**～**6**では，「午前」，「午後」を使った時刻の表現を取り上げました。「正午よりも前であれば午前，正午よりも後であれば午後だね。」と確認してあげてください。

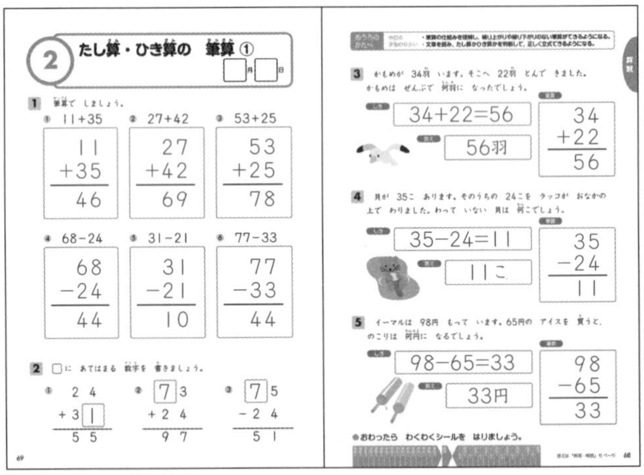

算数　第２回

繰り上がり・繰り下がりのない筆算に取り組みます。今回は，一の位よりも十の位を先に計算しても正しい答えが出ますが，繰り上がり・繰り下がりのある筆算の学習に備えて，小さな位から順に計算する習慣をしっかりと身につけておきましょう。**2**は虫食い算とよばれる問題です。①を，55−24＝31として解く，移項の考え方は未習ですので，通常の筆算と同じ手順で取り組みます。②では，一の位の計算が，3＋4＝7で正しいことを確認し，次に十の位の計算を見て，□と2をたして9になる数を考えるといった手順で答えを探します。答えが出たら，□に数字をあてはめて，確かめをするように促すとよいでしょう。

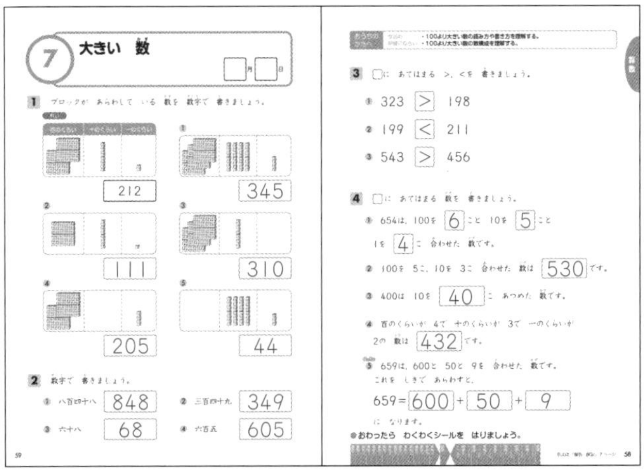

算数　第７回

数の学習で大切なのは，その数の分の具体物を目で見たり数えたりして，その数の大きさを実感することです。今回はブロックを用いて位取りについて学習をします。ここでしっかりと位取りについて理解しておけば今後の1000より大きい数の単元などでもスムーズに学習が進められるでしょう。**1**の③，④の問題でブロックが1つもないところがありますが，このときその位には「数字を何も書かない」のではなく「何もないから0を書く」ということを理解するのが難しいところです。0を書いたときと書かないときで表される数の違いについてお子さまと話しあってみるとよいでしょう。

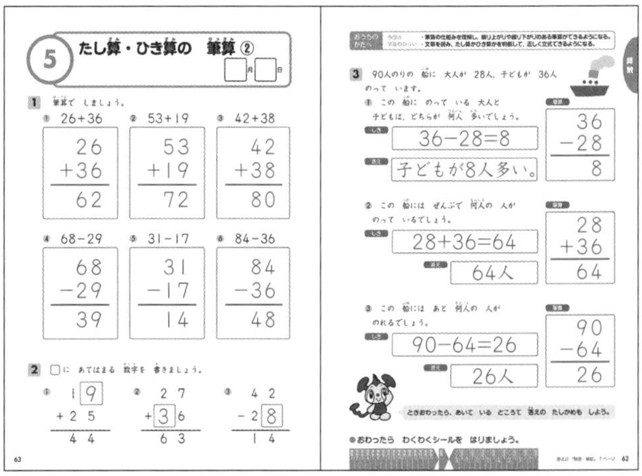

算数　第５回

2年生の算数でかけ算とならび最もつまずきの多い単元です。計算ミスを減らすために，繰り上がりや繰り下がりがあったことがわかるようなメモを残すとよいでしょう。繰り下がりの場合は斜線を引いて数を変更するのが最も一般的なものですが，やり方は自由ですのでお子さまにとってわかりやすい方法をとるようにしてください。**2**は第2回と同じように通常の筆算と同じ手順で取り組みます。③の一の位では，2−□＝4にあてはまる数がないことから繰り下がりがおこって，12−□＝4になっていると予想し，十の位の計算が1繰り下がって，3−2＝1になっていることで計算が正しいことを確認します。

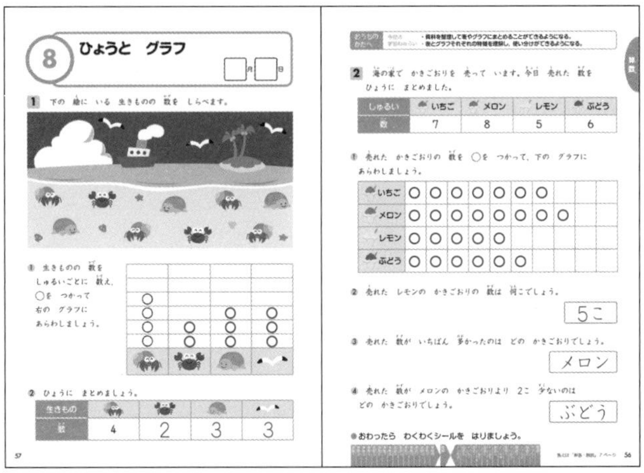

算数　第８回

1では，○を縦に積み上げていく形なのに対して，**2**では○を横にならべていく形のグラフです。教科書では主に縦型のグラフを用いているため，**2**のグラフはお子さまにとって初めて目にする形のグラフかもしれません。書き方に困っているようでしたら「いちごのかき氷の数だけこの行に○を書いていくんだよ。」とサポートしてあげるとよいでしょう。**2**では②以降で表やグラフから情報を読み取っていきます。表を見たほうがわかりやすいものとグラフを見たほうがわかりやすいものと2つのケースに分かれるかと思います。2つの比較を通して，表とグラフの違いや特徴をお子さまと話しあうとよいでしょう。

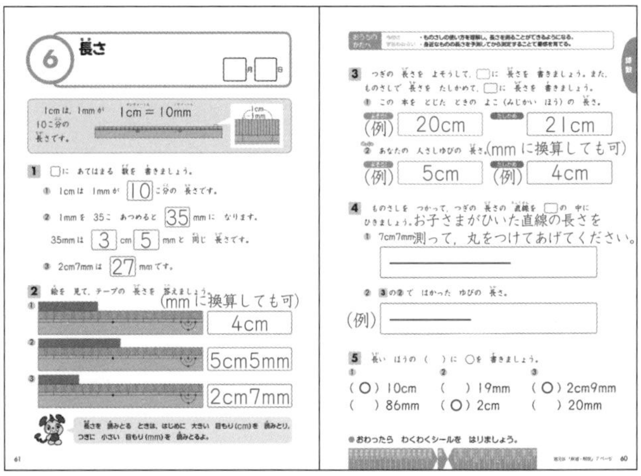

算数　第６回

長さの単元で大切なのは，机上の勉強だけではなく，具体物を実際に測ることで，1㎝や1㎜の大きさを経験的に実感することです。ものさしやメジャーなどを使って身のまわりのものの長さを測るという取り組みを実際に行ってみるとよいでしょう。**3**の問題ではお子さまの指の長さを予測し，実際に測るという問題がありますが，この問題の目的は，正確に測定することではなく，長さに興味を持たせることです。自分の指の長さを知ることで，ものさしがなくても指を使うことで長さを予測できるようになるとよいでしょう。この問題では大体の長さがあっていれば，○としてあげてください。

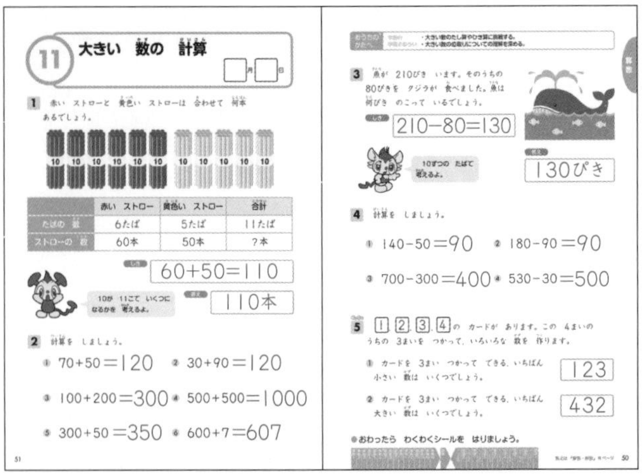

算数　第11回

今回の学習は，計算そのものではなく，計算によって数の構成や大きさの理解を深めることを目的としています。ここでは，筆算をして答えを求めるのではなく，数を位ごとの束で考えていきますので，なるべく暗算で答えを求めるようにするとよいでしょう。**5**は発展問題です。頭の中だけでカードをならびかえて数を考えるよりも実際に4まいのカードを作って試行錯誤をすると理解がしやすくなります。お子さまに余力がある場合は，カードの数を変えて，同じ問題に取り組むのもよいでしょう。カードに「0」を入れると難度があがります（このとき一番大きな位に0は入らないことに注意が必要です）。

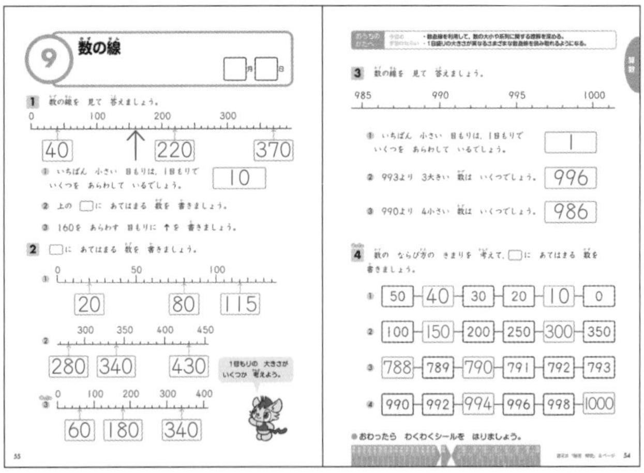

算数　第9回

数直線（低学年では「数の線」）の問題に取り組む際にいちばん大切なことは，まず1目盛りの大きさがいくつなのかを判断することです。2年生の段階ではまだわり算が未習です。1目盛りの大きさは，わり算で求めるのではなく，数の感覚と経験的な勘によって予測します。予測した数値が正しいかどうかは「1目盛りが10だとすると，10，20，30…」のように予測した数値をあてはめて数直線の目盛りを左から順に読んでいき，数直線に初めから書かれている数値とあっているかどうかで確かめていきます。**3**の②，③は数系列の理解を深めるために計算で求めるのではなく，数直線を見ながら答えるとよいでしょう。

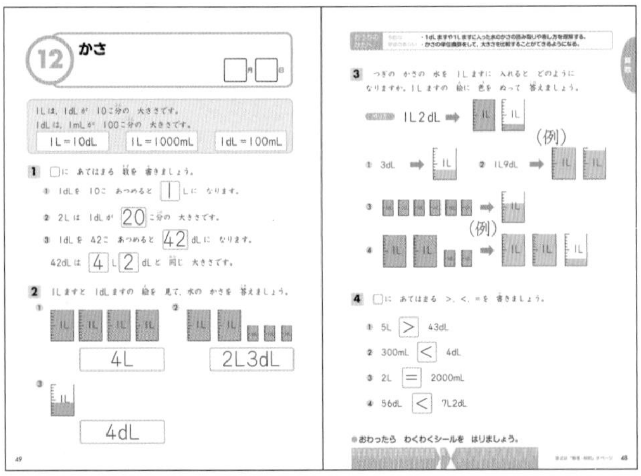

算数　第12回

かさの単位も長さの単元と同じように，1Lや1dLの大きさをイメージすることが大切です。身近なものの中から「L」などのかさの単位が書かれたものを探して，1Lがどのくらいの大きさなのかを知る体験をしておくとよいでしょう。**4**のようなかさの大小比較の問題では，単位をそろえて比べる必要があります。また，**4**③の2Lと2000mLは同じ大きさなので，「＝」で結びます。「＝」は「左と右が同じ」という意味です。式と答えを結ぶものというイメージがあるため，戸惑うお子さまもいらっしゃるかもしれません。その場合には，「2Lと2000mLは同じ大きさだから，＝で結ぶことができるんだね。」と声をかけてあげてください。

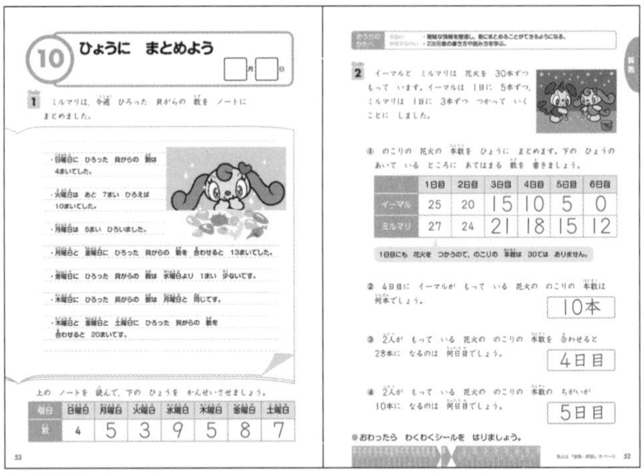

算数　第10回

今回は発展学習として複雑な情報を整理し，表に表すことに挑戦します。問題文が長く，読み取りが難しいかと思いますので，必要に応じて，問題文を保護者の方が一緒に読んであげるようにしてください。自分ひとりで読むのが難しくても，読んでもらえば理解できることも多いでしょう。**1**の問題は上の項目から順番にやっていけば，表がすべてうまるようになっています。1つひとつの問題はそれほど難しくありませんので，順番に取り組むよう声をかけてあげてください。**2**では「のこりの本数」を表にしているので，1日目の本数が30ではないことに注意が必要です。

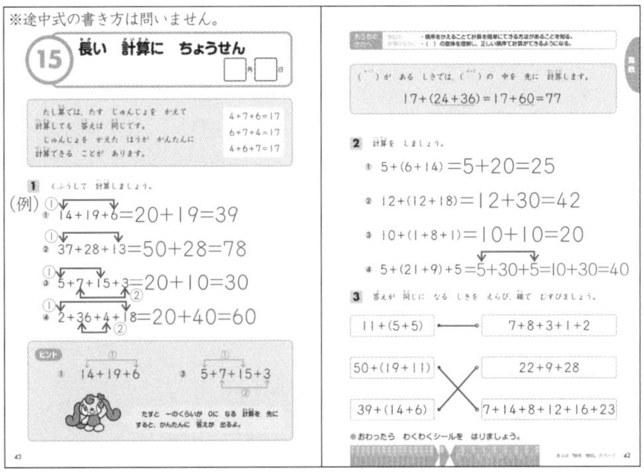

算数　第15回

順序をかえることで計算が簡単になることを学びます。お子さまが戸惑っているようでしたら，ヒントのような矢印や，途中計算のメモを補ってあげてください。計算が得意なお子さまの場合，工夫をすることの優位性を理解できないことがあります。今は工夫をすることよりも正確に答えを出すことのほうが大切ですので，無理に工夫をする必要はありません。計算という単純な問題でもいろいろな解き方ができるということを知っておくだけで十分でしょう。また，( )を使って立式をするのは，4年生になってからです。今は( )がある時はそこから先に計算するということだけ理解できていればよいでしょう。

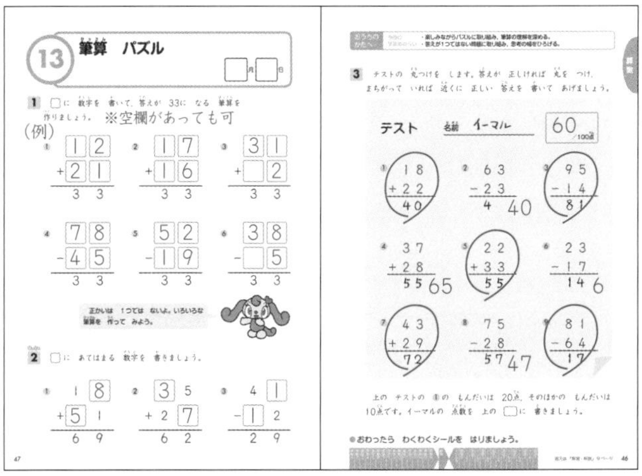

算数　第13回

1は正解がひとつではない問題です。取り組みに戸惑っているようでしたら，「たされる数（ひかれる数）に好きな数を書いてごらん。」と声をかけ，そこから虫食い算と同じ考え方で進めていくとよいでしょう。この時，たされる数が33以上，ひかれる数が33以下にならないように注意してください。**3**はテストの丸つけ形式の問題です。計算問題に取り組むのを嫌がるお子さまもこのような形式であれば，先生になった気分で楽しく問題に取り組めるかと思います。筆算でよくある間違いを掲載してありますので，どこが間違っているかをお子さまに説明してもらい，同じ間違いをしないよう促しましょう。

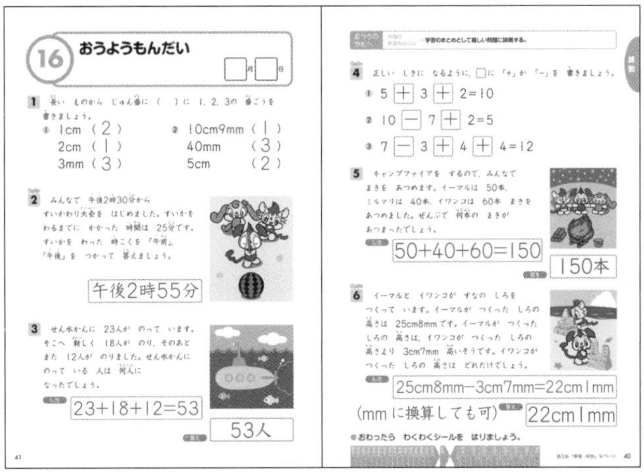

算数　第16回

学習のまとめとして難しい問題に取り組みます。**1**で間違った答えを書いている場合は，問題にある長さの線を書いて，長短を確かめてみるとよいでしょう。**3**では，場面に沿った式を立てると，23＋18＋12となりますが，18＋12を先にすると計算が簡単になります。**4**は1回で正しい式にするのは困難かと思いますので，前から順番に思いついた記号をあてはめるなど試行錯誤しながら取り組んでください。**6**は問題に「高いそうです」とありますが，ひき算で答えを求めなくてはいけないところが難しいところです。図をかいてどちらが作った城のほうが高いのかを確認するとよいでしょう。

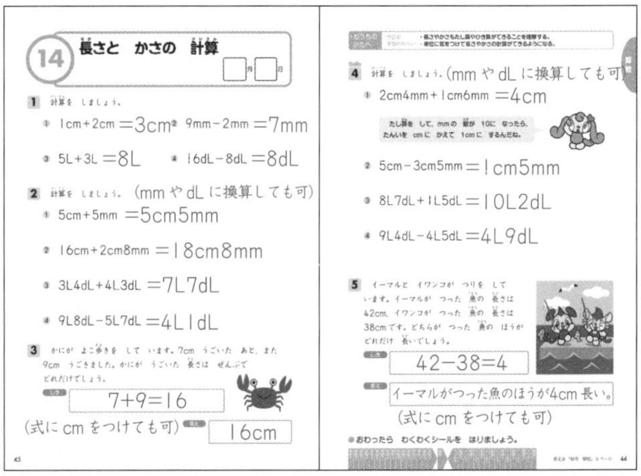

算数　第14回

長さとかさのたし算・ひき算に取り組みます。教科書では**1**のように1種類のみの単位を用いたレベルまでを扱ったものがほとんどですので，それ以外の問題に取り組むのはお子さまにとって初めてかもしれません。お子さまが戸惑っているようでしたら実際に線を引いて，たし算の場合はたす数の分だけ線を伸ばし，ひき算の場合はひく数の分だけ線を短くするなどして，お子さまが目で見てたし算，ひき算を理解できるように図で示してあげるとよいでしょう。**5**の問題では，答えと同じ文章でなくてもかまいませんので，「どちらが」と「どれだけ」という2つの項目が答えられていれば，○としてあげてください。

苦手分野を克服するためには，ただ単にやり方を教えて覚えさせるよりも，
お子さまに内容を理解してもらうことのほうが大切です。
ここでは，2年生のお子さまがつまずきやすい「時計」と「筆算」の単元の苦手を克服するためのポイントを掲載していますので，ぜひご活用ください。

時計

どうして難しい？

- 針が同じ数字を指していても，短針と長針で数字の読み取りが異なるため
- 時間には60進法の考え方が含まれるため

時計の読み取りについて，お子さまが難しく感じているようでしたら，
次の内容を実際の時計を見ながらお子さまに説明してあげるとよいでしょう。

確認

❶時計の針は右回りに動く。
❷短い針よりも長い針のほうが速く動く。
❸短い針で「何時」を，長い針で「何分」を読む。
❹短い針が2つの数字の間を指していたら，「何時」は2つの数字のうちの前の数字を読む。
❺長い針は，文字盤の数字ではなく小さな目盛りに着目して読む。
❻長針と短針は連動しており，長針が1周回る間に，短針は文字盤の数字1つ分進む。

長針が真上を向いて文字盤の「12」を指している時が，「○時（ちょうど）」。

長針で「何分」を読むとき，1目盛りで1分を表す。

30分で長針は半周回り，真下を向いて文字盤の「6」を指す（このときを「○時半」ともいう）。このとき短針は，文字盤の数字と数字のちょうど中間にある。

上記の内容を理解するためには，
学校などで模型時計が支給されていれば，
それを利用し，お子さまが自分で
動かしてみるのが効果的です。

～すばやく時刻を読み取るポイント～

時刻をスムーズに読み取れるようになるためには，5分刻みごとに時刻を言う練習が効果的です。「5分－10分－15分－20分…」というように時刻を唱えながら，文字盤の「1，2，3，4…」を順に指さしていくという練習をしていくと，よいでしょう。

苦手を克服!!

筆算

どうして難しい?

- 数字は大きな位から読むのに対して，計算は小さな位からするため
- 繰り上がり・繰り下がりがどういうことかをイメージしにくいため

お子さまが筆算を苦手としている場合には，
次の内容をお子さまに説明してあげるとよいでしょう。

確認

❶筆算をするときは，位を縦にそろえて書く。
❷筆算をするときは，数字の大きさをそろえて書く。
❸小さい位から位ごとに計算をする。
❹繰り上がりや繰り下がりがある場合は，近くにそのことがわかるように書く。

ここからは，特にお子さまがつまずきやすい繰り下がりのある筆算についての説明をします。苦手を克服するためには，筆算の仕組みを理解することが大切です。32－18の計算を例に，筆算の仕組みをブロックを用いて説明してありますので，これをもとにお子さまに説明してあげるとよいでしょう（繰り上がりのある筆算も同様の手順で指導できます）。

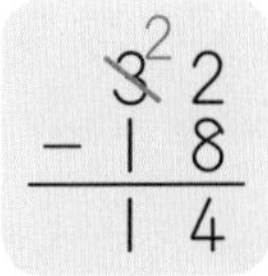

32－18の筆算

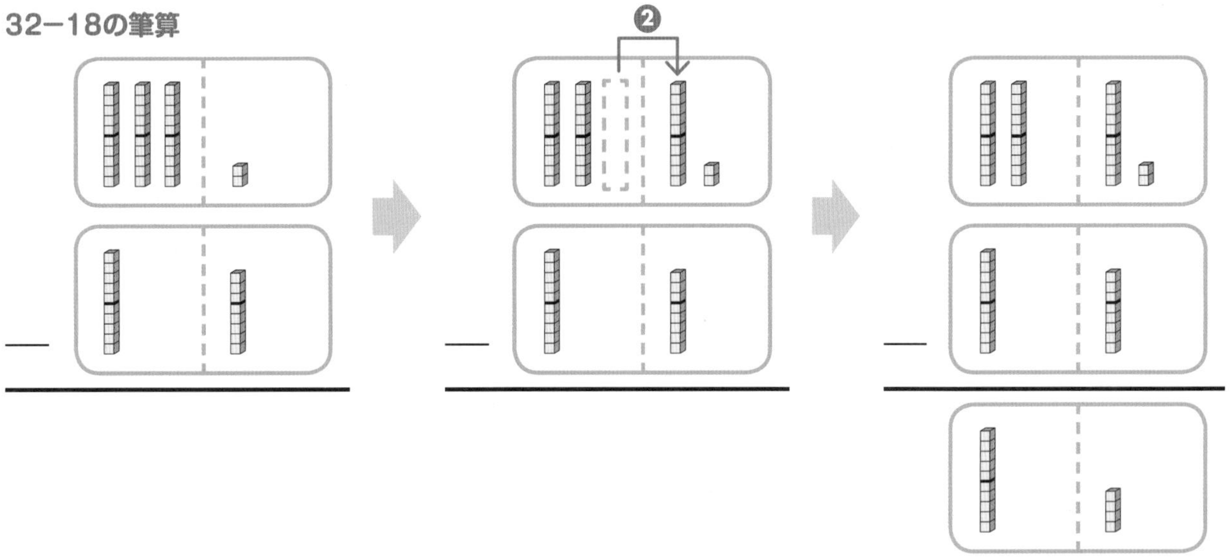

❶2から8はひけないので，繰り下がりが必要だと気づく。

❷十の位から10のまとまりを1つ移して，一の位を12にする。

❸一の位の計算，
12－8＝4
❹十の位の計算，
2－1＝1

以上の方法を用いて，計算方法やその仕組みを理解したあとで計算問題に取り組めば，より理解が深まります。ただし，単純なトレーニングばかりを強制すると「算数はつまらない，嫌い」と感じさせてしまう可能性がありますので，無理のない範囲で取り組めるように十分ご注意ください。

大好評

かっこいい小学生になろう

Z会 グレードアップ問題集

教科書レベルの問題集では物足りないと感じている方・少し難しい問題にチャレンジしたい方へ、
Z会がお届けするハイレベル問題集です。

小学2年 国語 読解
ISBN978-4-86290-119-4

小学2年 国語 漢字・言葉
ISBN978-4-86290-120-0

小学2年 算数 文章題
ISBN978-4-86290-121-7

小学2年 算数 計算・図形
ISBN978-4-86290-122-4

Z会指導部編／定価 各880円(税込)／B5判／4色刷

小学1・2年 さきどり 理科
ISBN978-4-86290-123-1

小学1・2年 さきどり 社会
ISBN978-4-86290-124-8

Z会指導部編／定価 各1,100円(税込)／B5判／4色刷

すべての学習の土台を築く国語

読解 Z会厳選の多様な問題文で効率的な演習をし、総合的な読解力の基礎が身につきます。

漢字・言葉 漢字・言葉のポイントをおさえた多種多様な問題に取り組みながら、国語力の基礎を固めます。

じっくり考えぬく力を育てる算数

文章題 問題の場面を楽しみましょう。算数の力だけでなく、読む力と想像力が身につきます。

計算・図形 パズル的要素のある問題で、楽しく「計算力」や「図形センス」を磨きます。

楽しみながら無理なく取り組め差がつけられる、さきどり理科・社会

理科 「人体めいろ」や「かげの間違い探し」で、理科の用語や考え方に自然に親しむことができます。

社会 「日本一めいろ」や「都道府県しりとり」など、解いてみたくなる問題をたくさん出題しています。

保護者の方もしっかりサポート

教え方のポイントをギュッと凝縮した「解答・解説」付き。
親子で一緒に楽しく学習に取り組めるよう、お子さまがつまずきやすいところを中心に、指導のポイント、声かけの仕方などを紹介しています。

ご利用者の声

カラーが多く、字の大きさもちょうど良かったです。よく読んで考える習慣をつけさせるのに良かったです。

問題がありきたりではなくて、『おもしろそうだな』と思える内容で良かったです。

一生懸命考えているので、考える力がつきそうです。子どもが苦手な分野が親に分かりました。

内容の良い問題が多くて良かったです。子供も楽しく勉強できました。

しってたら かっこいい!

知っていると自慢できる、“かっこいいポイント”を掲載。
お子さまのやる気を手助けします。

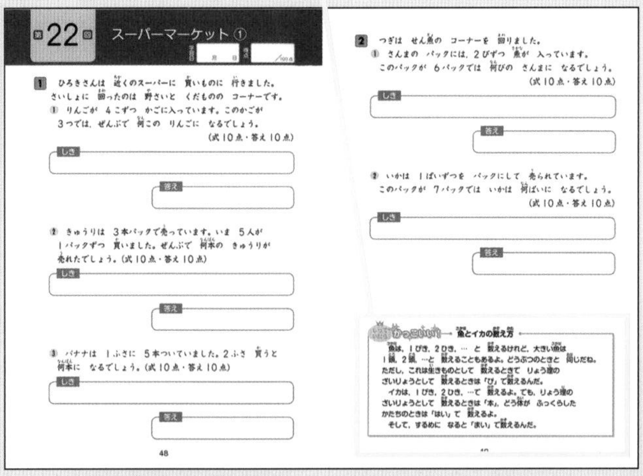

▲小学2年 算数 計算・図形

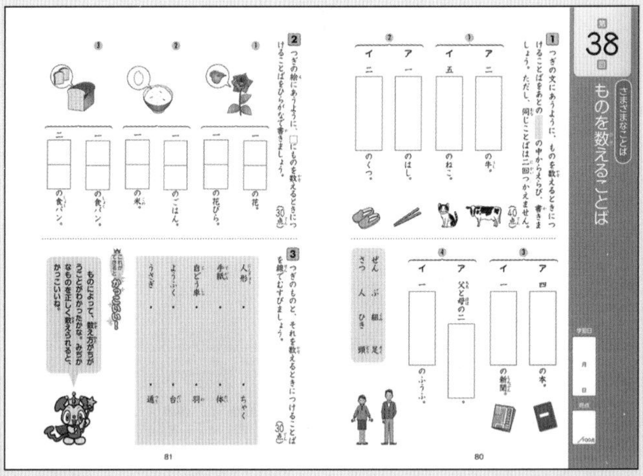

▲小学2年 国語 読解

さきどりできる学年がわかる(理科・社会)

学習内容が何年生のさきどりなのかが、ひと目でわかります。

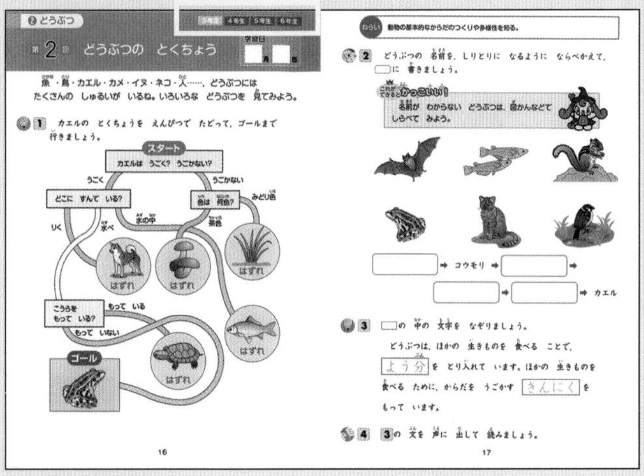

▲さきどり理科

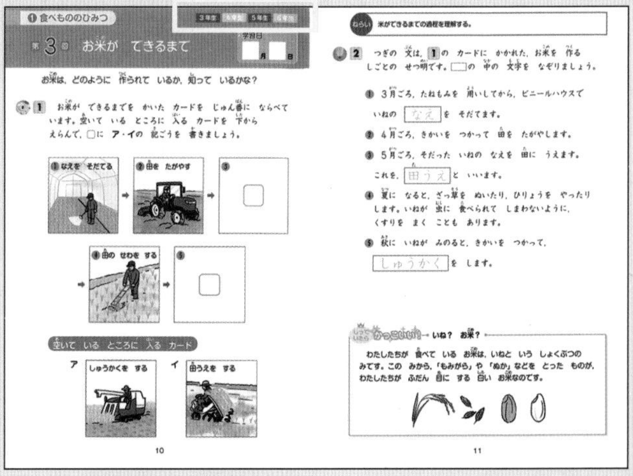

▲さきどり社会

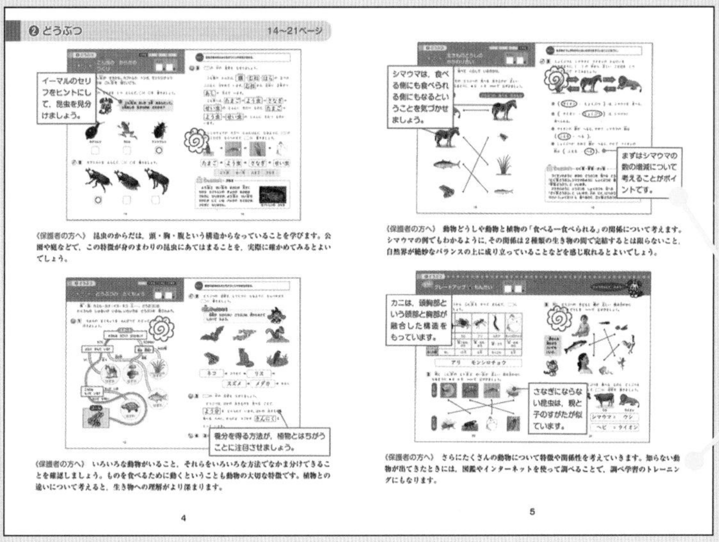

▲解答・解説

保護者の方向けの解説も充実

指導のポイントや効果的な声かけの仕方などを
紹介しています。

99%の小学生は気づいていない!?

小学生の新教養

10年後のキミが変わるシリーズ

くわしくはこちら

あなたの中にある力をどんどん伸ばしていけるように、
学校で学んだことをさらに一歩進めて考えていけるように、
今、伝えておきたい大切なことをぎゅっとまとめました。

Pick up

＼日本初！／
児童向けウェルビーイングの本

幸せをつくりだす「4つの心」

4人の子どもたちが「自分で幸せをつくりだす方法」を学ぶ冒険物語。読めばきっと、魔法の言葉「アリアリナンヤッ」を唱えたくなるはず！

解説執筆の教育ジャーナリスト
おおたとしまさ氏も大絶賛!

勉強の「あたりまえ」を疑おう

「正しいことを知る」ことが勉強ではありません。
Z会だからこそ伝えられる「学びの本質」をストーリー仕立てで解説します。

定価：『となりのAI』『思いを伝える「話す力」』各1,100円（税込）
その他 各990円（税込）

お買い求めは全国の書店または通信販売にて

Z会のワークでがんばる
お子さまの様子・ご感想を
ぜひハッシュタグをつけてご報告ください！

#Z会夏ドリル　#Z会の本

ワークに一生懸命取り組むお子さまの姿や、
取り組んだワークの画像、体験談など、
教材のご感想をお待ちしております。

Z会の本
@zkaibooks

Z会の本（公式）
zkaibooks

かっこいい小学生になろう プレゼントキャンペーン

プラネタリウムが抽選で当たる！

アンケートにお答えいただいた方全員に、
Z会オリジナル文房具プレゼント！
さらに抽選でプラネタリムプレゼントも！

［応募方法（Web）］　応募締切：毎月末

1. 右上の二次元コードを読み取ってください。
   または下記URLにアクセスしてください。
   https://service.zkai.co.jp/enquete_sp/?s=books_s01
2. 表示された画面にて必要事項を入力してください。

※本キャンペーンのご応募は、国内限定、おひとり様1回に限らせていただきます。
※本キャンペーンは予告なしに変更・終了する場合があります。ご了承ください。

Z-KAI